Luisa Francia · ZAUBERGARN

Luisa Francia
ZAUBERGARN

Fotos von Inea Gukema

Frauenoffensive

2. Auflage, 1990
© Verlag Frauenoffensive, München 1989
(Knollerstr. 3, 8000 München 40)
© Fotos: Inea Gukema

ISBN 3-88104-190-7

Fotosatz: Ursula Benz, München
Druck: Clausen & Bosse, Leck
Umschlaggestaltung: Inea Gukema, Forstinning

INHALT

DIE NOTWENDIGEN FRAGEN

Wer bestimmt über deine Zeit?
Über wessen Zeit bestimmst du?
Wer trägt dich?
Wen trägst du?
Wer ernährt dich?
Wen ernährst du?
Wer lehrt dich?
Wen lehrst du?
Wer liebt dich?
Wen liebst du?
Wer tauscht sich aus mit dir?
Wer besitzt dich, besetzt dich?
Wen besitzt du, von wem bist du besessen?
Wer bestimmt über deine Gedanken?
In wessen Gedanken sitzt du?
Wem bist du etwas schuldig?
Wer ist dir etwas schuldig geblieben?
Wer geht dir durch den Kopf?
Wer geht dir unter die Haut?
Was treibt dich und jagt dich?
Wer plagt dich?
Wer ist dir eine Last?
Jetzt weißt du, was du hast.

DIE KUNST DER HEXENFRAUEN

Magie ist keine Technik, die wir erlernen und üben können, Magie, die Kunst der Hexenfrauen, ist eine Kommunikationsform. Das mag einfach klingen, ist aber ein völlig anderes Realitäts-Konzept als das gewöhnliche, gesellschaftlich übliche. Wissen entsteht hier nicht durch Pauken, Einbleuen, Lernen, Büffeln – also durch einen Lernvorgang, bei dem Information von außen nach innen transportiert wird –, sondern durch Verbindung zu den Selbstgesprächen des Gehirns, zu den Zellinformationen und zu allen Wesen der Natur, also zu allen Energieformen.

Sobald wir geboren werden, vergeht kein Tag mehr, ohne daß die Wahrnehmens- und Verstehensfähigkeit eingeschränkt wird. Bahnen werden vorgegeben, innerhalb derer wir denken und handeln sollen, was immer auch heißt, daß wir der Beschränktheit der Erziehenden ausgeliefert sind. Denn was sie für möglich, für richtig, anständig oder einfach nur für angemessen halten, soll der Weg unseres Gehirns, der Maßstab unseres Denkens und Handelns werden.

Ausgehend von der Erkenntnis, daß unser Hirn sich permanent über Eindrücke, Informationen und gespeichertes Wissen austauscht, entwickelt sich die Fähigkeit der Hexenfrauen, durch Selbstgespräche an die Hirnsubstanz heranzukommen, doch völlig logisch. Das Heilwissen dieser Frauen bezieht sich auch nicht auf geschrieben Überliefertes, sondern ist zum großen Teil Wissen, das sie aus sich selbst geschöpft haben, das sie erfunden, wiedergefunden, aus der Tiefe ihrer Erinnerung geholt haben, wo es zu allen Zeiten gespeichert wurde.

Je weniger blockierende Verbote und Entmutigungen selbst das kleinste Kind belasten, um so freier und lustvoller bewegt es seine Gedankenenergie im Gehirn umher. Das Wissen der Hexenfrauen kann nur in ungezügelten, wildgewordenen Zuständen voll ausgeschöpft werden, in denen alles möglich, alles denkbar ist. Was „normale" Menschen nicht für möglich halten wollen, weil es ihnen Angst macht, ist für Hexenfrauen selbstverständlich: Gespräche mit Tieren, Pflanzen, Bakterien, ja sogar mit „toter" Materie, mit Steinen, Metallen, aber auch mit Krankheitserregern (die ja bekanntlich in „Stämmen" organisiert und damit in ihrer Lebensform den Hexenfrauen vertraut sind) oder mit Sternen.

Zur Heilung in ihrem Sinn gehört nicht etwa ein „überliefertes" Kraut, sondern die persönliche Erfahrung der Heilerin mit der Energie des Heilkrauts, die Zwiesprache mit den aktiven Substanzen der Pflanze ebenso wie mit den kranken Körperzellen.

Die Wissenschaft arbeitet normalerweise so, daß sie zerstören muß, um zu erfahren. Was sie untersucht hat, gilt doch eigentlich nur für den Teil, der durch die Untersuchung zerstört wurde.

Die weiche Wissenschaft der weisen Frauen erkennt durch Kommunikation und Austausch. Die Fehlerquote ist dabei auch nicht höher. Natürlich ergibt sich ein Problem aus der Tatsache, daß wir immer weniger die Botschaften der anderen Wesen verstehen können, weil sie von Autoverkehr, Radio, Fernsehen, vom Alltags-Lärm überlagert sind. Deshalb fällt es uns heute natürlich schwerer, diese notwendige Kommunikation mit allen Wesen aufrechtzuerhalten, was vermutlich vor zwanzigtausend Jahren völlig selbstverständlich war, denn es gab Zeit und Stille.

Diese besondere Art der umfassenden Kommunikation, die „normale" Menschen zwar mit anderen Menschen und vielleicht noch mit dressierten Haustieren für möglich halten, ist die Grundlage der Magie der weisen Frauen. Sie halten das Unmögliche für möglich, das Undenkbare für denkbar, das Unfaßbare für faßbar, und sie ehren das, was sie nicht wissen werden. Aus dem traditionellen Denkschema heraus, das Wissenschaft und Forschung und auch unseren Alltag regiert, muß jede Abweichung des Für-möglich-Gehaltenen zwangsläufig als Wunder oder als Zufall gelten.

Wären uns diese Wunder und Zufälle aber normale Ereignisse innerhalb des beschriebenen Geflechts von Magie und würden wir sie so selbstverständlich nehmen und „glauben" –

wie beispielsweise das Telefonieren, das Forschern noch vor zweihundert Jahren als Wunder gegolten hätte –, so würden sie viel öfter vorkommen, weil sie eine Schiene, einen Weg, einen Energiekanal bekämen, innerhalb derer sie sich entwickeln könnten. Die Hirnforschung wundert sich derzeit hauptsächlich über das Wachstum des Gehirns: Woher wissen die Axone, also die Nervenfasern, in welche Richtung sie wachsen müssen? Woher wissen die Neuronen, welchen Weg sie einschlagen müssen und wozu?

Die weisen Frauen gehen davon aus, daß die Energieform, die sich einen Körper sucht, zugleich die Art von Software ist, die das Gehirn anleitet, bestimmte Strukturen und Denkvorgaben zu entwickeln. Das deckt sich auch mit den Ideen des Buddhismus, daß die Seele sich reinkarniert. Wenn das so ist, erstaunt es auch gar nicht mehr, daß geheimnisvolle Botschaften das Gehirn zum Wachstum anregen und für bestimmte Entwicklungen sorgen.

In unserer Kultur dauert es dann sehr lange, bis wir zu unserem Urwissen finden – wenn überhaupt –, was im Buddhismus und anderen Religionen mit dem Begriff „Erleuchtung" angedeutet wird. Wenn in der Kindheit viele Energiepotentiale im Hirn zerstört werden, bleibt uns das Wissen vielleicht für immer verschlossen, und wir funktionieren nur noch wie Zombies, die fremde Befehle ausführen, weil sie keine eigenen Energiequellen mehr haben. Je weniger Sende- und Meldestationen im Gehirn durch ständige Befehle, Verbote und Korrekturen in der Kindheit zerstört werden, desto größer wird die Möglichkeit der umfassenden Kommunikation. Je weniger Regulierungen von außen auf das Gehirn einwirken, die einengend und blockierend wirken – Zäune also, daher die Zaunreiterin –, um so größer wird die Assoziationsfähigkeit, also die Interaktion des Gehirns mit seinen und allen Zellinformationen, denn was anders ist Assoziation als das Öffnen verstaubter Türen zu Räumen mit vergessenem Wissen, als das Bündnis mit allen möglichen Wesen und Seinsformen.

Die Wissenschaft wirft den Frauen gern ihre Bauchlastigkeit vor. Ich denke, der Unterschied zwischen Frauen und Männern ist nicht, daß die einen mit dem Bauch und die anderen vielleicht mit dem Penis denken. Ich glaube, der wesentliche Unterschied besteht darin, daß Frauen ihre Gehirnsubstanz und das Kommunikationsnetz, das damit verknüpft ist, kreativer benutzen können und sich weniger einschränken (vielleicht werden sie deshalb von außen stärker eingeschränkt).

Eine der kreativsten Möglichkeiten, mit dem Gehirn und seinen Informationen umzugehen, ist die Inkonsequenz. Wenn alles immer wieder über den Haufen geworfen wird, muß sich der Apparat immer wieder neu organisieren und neue Lösungen und Möglichkeiten finden.

Ein System wie beispielsweise die Bundeswehr oder die Autoindustrie könnte wohl kaum von Frauen allein aufrecht erhalten werden. Nicht, daß die Frauen diese Maschinerie nicht aufbauen könnten, sie würden aber das System in Frage stellen, wenn es Zerstörung produzieren würde. Das heißt tatsächlich, daß sie für das reibungslose Funktionieren zerstörerischer Anlagen ein Hindernis darstellen könnten.

Die Irrenhäuser sind voll mit Menschen, die unvorbereitet und ungefiltert mit der ganzen Macht ihres Wissens konfrontiert werden, zum Beispiel durch einen Schaltfehler im Hirn oder eine chemische Reaktion, die den Schutz durch Bewußtsein und Erfahrung aufgelöst haben. Normalerweise ist das Gehirn mit uns gnädig und mutet uns nicht mehr zu, als wir verkraften können. In anderen Kulturen als unserer werden deshalb Menschen mit schizophrenen Symptomen zu SchamanInnen gemacht, weil sie wenigstens einmal mit der Fülle ihres Wissens in Berührung gekommen sind.

Die Arbeit der Hexenfrauen ist ein langsames Herantasten an Wissen, eine Führung durch die vielschichtige Denk- und Assoziationswelt.

Um noch einmal auf die Bauchlastigkeit zurückzukommen, ein unschlagbarer Beweis dafür, daß in alten, frauenbestimmten Kulturen gerade die Arbeit des Gehirns wichtig war, sind die Tempel in Malta. Man betritt sie durch den Geburtskanal (die Tempel sind in der Form kleiner dicker Frauenkörper gebaut), der Vorraum ist der Bauch, die Tempelräume sind die Brüste, das Allerheiligste aber, wo sich der Altar/Stein befindet, ist der Kopf.

11

Schöpferisches Denken und Handeln basiert auf Kommunikation und Interaktion – im Gegensatz zur Struktur des Eroberns, Besitzens und Kämpfens.

Im Bewußtsein bleibt dabei das Gesetz der ständigen Erneuerung und das Verändern der Formen zu immer neuen Formen von Sein. Nichts wird festgehalten, nichts bleibt, wie es ist. Ausgleich entsteht durch den unendlichen Austausch von Gefühlen, Informationen, Bedürfnissen. Austausch nicht nur zwischen Menschen und Tieren, sondern in immer höherem Maße auch mit Pflanzen, Makrokosmos und Mikroorganismen. Wir werden ohne das Verständnis für selbst die kleinsten Lebensformen (die ja unsere eigene widerspiegeln, vielleicht sogar verändern und erneuern) nicht mehr auskommen.

Ich will, ich suche, ich sehne mich, ich bin wird verblassen hinter: Ich befinde mich in einem Netz von verschiedenen Lebensformen, die alle auf mich einwirken und auf die ich auch einwirke. Menschen, die diese Struktur nicht begreifen wollen, werden aussterben wie einst die Dinosaurier. Wir Menschen haben die Möglichkeit, zu vielschichtigen Kommunikationszentralen, weich und fest zugleich, einfühlsam, feinfühlig, rauh, widerstandsfähig zu werden, die die Informationen von Erde, Kosmos und allen Lebewesen miteinander koordinieren und verbinden könnten.

HAST DU TÖNE?

Ich setzte die heilige Flöte, die ich gerade entdeckt und gekauft hatte, an die Lippen. Es gelang mir nicht, einen Ton herauszulocken. Stundenlang blies ich von allen möglichen Einfallswinkeln aus Luft in das Flötenloch. Mir war klar: so geht's nicht. Was ist eine heilige Flöte? Ein Instrument, mit dem die Ahnengeister, die Göttinnen gerufen werden. Die Flöte, die ich in meinen Händen hielt, stammte aus Neuguinea. Der Sage nach hatten die Männer der Frühzeit die Frauen betrunken gemacht. Als diese ohne Besinnung dalagen und schliefen, raubten die Männer ihnen die heiligen Flöten. Damit ging die Macht an die Männer, und die Frauen mußten fortan nach ihrer Pfeife tanzen. Die heilige Flöte wurde im Männerhaus aufbewahrt.

Das Männerhaus stellt den Körper der Ur-Göttin dar. Im unteren Bereich halten sich Männer auf – Frauen ist der Zutritt verboten –, im oberen Bereich werden alle heiligen Dinge aufbewahrt. Der obere Teil ist nur über eine schmale Leiter zu erreichen; um auf den Boden zu steigen, muß man zwischen den Beinen einer weiblichen Giebelfigur hindurch, die die heiligen Dinge behütet. Aus so einem Männerhaus, von so einem Boden, zwischen den Beinen einer solchen Ahnin hindurch war so eine Flöte wie die meine aus dem heiligen Bereich in den profanen des internationalen Kunsthandels gelangt. Und jetzt saß ich in meinem heiligen Zimmer, hielt – ich, eine Frau – die heilige Flöte in den Händen. Und konnte sie nicht spielen.

So saß ich da und ließ mir die Bedeutung der Töne für die Kultur am Sepikfluß in Neuguinea durch den Kopf gehen. Ich würde schon die Ahninnen rufen müssen. Denn wenn es auch in der Magie in Ordnung ist, sich mit Tricks die Machtgegenstände zurückzuholen, so ist es doch unerläßlich, sich sogleich mit den Kräften zu verbünden, die dahinterstehen.

Wie ruft man Ahninnen? Ojojoj hätte die sibirische Schamanin

Uolumar gegähnt, und dongdongdong hätte sie ihre Trommmel erklingen lassen. Omayeomaye hätte die afrikanische Priesterin Sahadji gesungen, und ihi ihi ihi hätte die Pygmäenfrau gerufen. Lilililili hätten die Frauen der Mami Wata (Meergöttin in Westafrika) gerufen. Babababa hätten die Zauberinnen im Kaukasus gelockt. Aneaneane hätten die weisen Frauen der Ostzigeuner gesungen. Die Schlangenahnin hätte aufgehorcht, wenn sie die Vibrationen einer Schlangenhauttrommel gehört hätte. Die Bärin hätte gebrummt, wenn sie das Rasseln einer Bärenzahnrassel vernommen hätte. Die Kornmutter hätte aufgehorcht, wenn sie das Rasseln einer Kürbisrassel mit Getreidekörnern gehört hätte. Die Wondschinas der australischen Ureinwohner wären herbeigeeilt, hätten sie das Flirren des Schwirrholzes gehört. Die Ahninnen der afrikanischen Zauberinnen hätten ihre Botinnen geschickt, hätten sie das Flirren und Schwirren des Schwirrholzes gehört.

Die neun Hexen der Bön-Zauberinnen und alle Dakinis wären herbeigeeilt, hätten sie das vielklangige Tönen einer Klangschale gehört, ein Muschelhorn und noch dazu die sanften Töne der Stoffklöppel auf der tibetischen Frauentrommel. Die Percht wäre aus ihrem Schlaf erwacht, hätte sie Schellen und Maultrommeln, Rasseln und Jodeln gehört.

Die Erde selbst wäre erwacht, hätte sie Stampfen und Schwingen auf ihrer Haut gespürt. Das All hätte gelauscht, hätte es Schall gehört, und hätte auch Schall zurückgegeben, tut es wie eh und je, aber wie eh und je stellen wir das Radio auf einen Sender ein und ignorieren die Geräusche des Alls dazwischen.

Die Urmutter, die Adlermutter der Eskimo hätte erfreut mit den Flügeln geschlagen, hätte sie gehört, daß die Menschen wieder Lieder haben, jeder Mensch das eigene Lied, so daß Leben in den Menschen kommt und er für die Geister und Götter zu unterscheiden wäre von den anderen. Denn als nicht mehr jeder Mensch sein eigenes Lied hatte, gab es keinen gemeinschaftlichen Gesang mehr, und wir hörten auf, lebendig zu sein. In Sibirien wachten daher die Eltern ängstlich über das neue Kind, auf daß es sein Lied finde, und erst wenn es ein eigenes Lied hatte, gehörte es der Gemeinschaft an. Es begann zu singen, und überwältigt vom Glück, daß ein neues Lied in die Gemeinschaft kam, strömten die Bewohner der Gegend zusammen, feierten ein großes Fest, lauschten dem neuen Lied, fielen mit ihren eigenen Liedern ein, bis es zu einem großen Gesang kam.

Und bei uns stampften früher die Menschen auf die Erde, sangen und jodelten dazu, in vielen Klängen sangen sie ein Lied und ließen die Erde zitternd erwachen. So war es.

All das ging mir durch den Kopf, als ich versuchte, den Ton zu blasen. Dann wußte ich, daß ich den Ton nicht suchen konnte, er mußte zu mir kommen. Ich mußte ihn locken. Ich fing also an, mit der Flöte zu tanzen, und rief dazu: Ich habe diese Flöte als Gefährtin gewählt, diese Flöte ist zu mir gekommen, zu mir, einer Frau, und nun will ich die Ahnin rufen, die diese Flöte erwecken will. Ich summte und brummte, ich jodelte, ich sang laute und leise Töne, ich stampfte mit den Füßen und klatschte mit den Händen. Ich wählte den uralten brrrr-Laut, um Fruchtbarkeit in die Flöte zu locken. Ich ahmte das Singen des Eises nach auf dem See, wenn Eis wächst, so daß die Flöte wußte, wo sie war. Ich ahmte die Vogelstimmen nach, die Hühner, die Gänse, die Kühe. Ich ahmte das Schreien der Kinder nach, das Quietschen der Tür, ich ahmte mich nach, wie ich töne, wenn ich glücklich bin oder voller Schmerz.

Als ich alle Töne nachgeahmt hatte, die den Klangteppich meiner Umgebung bilden, als ich das Weinen, das Lachen, den Zweifel, die Heiterkeit in einem Ton gefunden, Lockrufe und sehnsüchtige Schreie ausgerufen hatte, setzte ich die Flöte wieder an den Mund, und da kam ein Ton, tief und vibrierend, da war die Flöte plötzlich bei mir. Zuerst erklang ein tiefer Ton, und ein Finger auf dem einzigen Loch variierte ihn aufabaufab.

Dann entdeckte ich, daß mit mehr Druck ein zweiter, höherer Ton entstand und mit einer leichten Veränderung der Lippenstellung ein ganz hoher. Jetzt hatte ich sechs Töne, und etwas Aufregendes ereignete sich: Ich blies diese Töne in lockerer Folge, wie ich gerade Lust oder Atem hatte, dann setzte ich die Flöte ab, weil ich nicht mehr spielen konnte. Da hörte ich, daß vor meinem Fenster auf dem Nußbaum ein vielstimmiges Vogelgeschrei und -gezwitscher angefangen hatte, alle Vögel lärmten durcheinander, und alle schienen sich genau vor meinem

Fenster versammelt zu haben. Ich blies wieder, und die Vögel zwitscherten.

Viel später las ich, daß nach neuguineischen Mythen ein Vogel mit der ersten Frau das erste Kind gezeugt hatte und der Vogel das erste mythische Wesen ist. Der „Flötenstopper" auf meiner heiligen Flöte zeigt eine Frau, die kniet. Auf ihren Schultern sitzt ein Vogel.

Ich konnte mein überwältigendes Ton-Erlebnis nicht teilen, weil in unserem Kulturkreis Musik etwas anderes ist. „Nur sechs Töne?" Wo das Radio läuft, wird das PIEP dahinter nicht hörbar oder spürbar. Wo ein Lärmteppich ausliegt, wird der Ton darunter erdrückt.

Zu allen Zeiten mußten AhnInnen und Göttinnen gerufen werden. Durch Pfiffe ließen sich Sturm, Windgeister, Dämonen und andere wilde Wesen rufen. Mit sanftem Gurren und Brummen kamen Erdgeister/Göttinnen und Tiere. Mit Flöten-Tönen ließen sich Vögel, Mäuse, Ratten und andere Nagetiere herbeilocken.

Buddhistische Mönche rufen mit Tönen und Obertönen, die sie mit Schalen, aber auch mit ihren Lippen erzeugen können.

Im Schall ist All. Alles. Hast du Töne, so kannst du rufen oder abwehren. Mit einem Schrei kannst du einen Angreifer ebenso vertreiben wie mit einem Schlag. Mit einem Ton kannst du Mücken vertreiben. Töne und die Vibrationen der Töne können glücklich oder wahnsinnig machen.

Wer ständig mit einem Summen oder Brummen oder Schwingen eines technischen Apparats leben muß, wird nervös, reizbar, kann körperlich krank werden. Das Ohr ist das einzige Organ am Körper, das nicht geschützt werden kann. Selbst wenn du dir Oropax in die Ohren schiebst, hörst du weiter, durch die Nasenlöcher, durch den Mund, durch die Haut. Dein Körper ist auch Klangkörper, deine Haut ist Trommelhaut. Alles schwingt auf ihr und gibt Töne zurück.

Wenn du rufen lernen willst, mußt du zuerst Töne wahrnehmen lernen. Je genauer du wahrnimmst, desto unerträglicher wird dir zunächst unsere Welt erscheinen. Es gibt keinen Augenblick lang Stille. Es ist, als hätten die Menschen Ton um Ton,

Lärmquelle um Lärmquelle erfunden, um die eigene Stille nicht wahrnehmen zu müssen. Aber Laut braucht Stille. Und wenn in unserer industrialisierten Welt einmal Stille eintritt, macht sie die meisten Menschen wahnsinnig. So überladen und berieselt werden wir unser Leben lang, daß im Moment der Stille die Ohren zu dröhnen beginnen. Ein Zeichen für Überlastung des gesamten Organismus ist es, wenn die Ohren zu brausen oder zu klingen beginnen. In Zeiten großer seelischer Not beginnen Menschen Geräusche und Stimmen zu hören. Das Schreckliche an diesem Zustand ist, daß diese Geräusche nicht abzustellen sind. Sie arbeiten im unruhigen Inneren des überforderten kranken Menschen, bis dieser zur Ruhe kommt.

Wenn es dir gelingt, einmal völlige Stille herzustellen – möglich ist das im Gebirge, und wundervoll ist es in der Wüste –, wirst du jeden Ton wie einen Keulenschlag empfinden. Dann erträgst du keine Hintergrundsmusik aus dem Radio mehr, wehrst dich gegen ständige Musikberieselung, denn jeder Ton durchschlägt die Stille wie ein Wunderwerk. In dieser Stille wächst das, was bei den sibirischen Küstenbewohnern das eigene Lied ist. Das eigene Lied finden, heißt, wie ein Kind dasitzen, nicht tun, Töne aus einem Meer aufsteigen lassen wie Luftblasen, aufsteigen lassen, bis sich eine Folge ergibt, singen, summen, brummen und immer dabei auf die Stimme des Erdinneren lauschen. Was ist mein Lied? Wie töne ich? Habe ich Töne? Stimmt alles, oder hat es mir die Stimme verschlagen? Wie komme ich wieder zum Stimmen, zum Klingen?

Wer gehen kann, kann auch tanzen, heißt es, und wer sprechen kann, kann auch singen. Nur dürfen wir uns das Singen nicht wie im Kirchenchor oder wie beim Militär vorstellen. Den eigenen Ton findest du am besten mit einem Kieselstein im Mund, wenn du den ein wenig hin und her schiebst und dazu einen Ton machst.

Die Geschichte der australischen Aboriginals setzt sich aus den Schöpfungsmythen und Liedern der Urwesen, der Wondschinas zusammen, und diese Gesänge, dreamlines oder songlines genannt, überziehen das Land wie ein Geflecht, stellen für die Singenden eine Landkarte der Urzeit, der Traumzeit dar.

Instrumente früher Kulturen ermöglichen oft nur zwei oder drei verschiedene Töne. Das erscheint uns lächerlich wenig – von Musik keine Rede! Und doch fängt die Musik beim Ton an. Wenn du also Töne haben willst, fang mit einem Ton an, singe, wie du willst, brumme, ächze, singe schrill oder sanft, aber mach dir Luft. So lange der Ton genug Luft hat, ist alles wunderbar. Du atmest ein, und mit dem Ausatmen läßt du einfach deine Stimmbänder mit vibrieren. Halte den Ton, so lange du magst und kannst, atme wieder ein, und laß deine Stimmbänder leise schwingen. Und vergiß: Ich kann nicht singen – das steht gar nicht zur Debatte.

Wenn's stimmt, wenn du Stimme hast, wenn du einen Ton vibrieren lassen kannst, dann kannst du auch variieren, wo will der Ton hin? Hinauf? Hinunter? So kannst du langsam anfangen, Töne in dir aufzubauen. Spüre mit den Fingerspitzen nach, wo am Körper sie vibrieren. Schön ist, irgendwo draußen zu sitzen, ein Vogel pfeift, und du antwortest mit deiner Stimme.

Ich hatte einmal einen Wechselgesang mit einer Amsel im Frühsommer. Sie saß immer auf dem höchsten Zweig und begann, sehr einfach zu singen, so einfach, daß ich es leicht nachsingen konnte. Mit jedem Mal wurde das Lied, das sie sang, etwas komplizierter und länger. Sie wartete aber immer ab, bis ich meine Version davon gesungen hatte. Schließlich verstieg sie sich zu einem so komplexen und wundervollen Gesang, daß ich nur noch mit offenem Mund lauschen konnte und passen mußte. Da begriff ich: Töne brauchen auch das Hören. Kannst du hören?

KRAFTPLATZ

Auf einem sitzt meine Katze, auf einem steht der Baum ganz krumm, einer leuchtet, einer strahlt, einer zieht dich, auf einem anderen wird dir schlecht. Auf einem bist du gut gelaunt und siehst dein Leben in den heitersten Farben, auf einem anderen überfallen dich grundlos Depressionen. Und die wenigsten Kraftplätze der Erde stehen in diesen Hochglanzführern, die sich entschlossen haben, einen Ausverkauf heiliger Orte zu starten.

Es ist eine Sache, einen Kraftplatz zu finden, zu erkennen, zu sehen, zu spüren, aber eine andere Sache ist es, damit umzugehen. Es ist auch gar nicht gesagt, daß es so erstrebenswert ist, Kraftplätze zu beleben oder sich darauf niederzulassen. Die meisten Menschen, die ich kenne, gehen damit so um wie mit Magie überhaupt: Sie sind hingerissen, wenn's funktioniert, wenn etwas geschieht, so als bräuchten sie dringend einen Beweis dafür, daß sie nicht vielleicht doch spinnen.

Das Problem mit der Magie, ganz besonders aber mit Kraftplätzen, ist nicht, daß sie nicht funktionieren, sondern DASS SIE FUNKTIONIEREN. Nicht unbedingt in der erwünschten Art. Wie es nämlich bei so alten Energien ist, horchen sie wohl kaum auf den Befehl einer furchtsamen Seele, die etwas ausprobieren will. Amawu, eine befreundete Priesterin aus Benin, sagte mir, daß es gefährlich ist, Kraftgegenstände einfach mitzunehmen oder auf Kraftplätzen zu bleiben, ohne die Energie zu kennen. Wie in einem morschen Stück Holz ein Skorpion wohnen kann, so kann ein Kraftgegenstand oder ein Kraftort von einer Energie bewohnt sein, die „beißen" kann. Wie gehen wir damit um? Weißt du, warum du gerade hier und nirgendwo anders dein Bett aufstellst? Weißt du, warum du hier Rückenschmerzen hast und dort keine? Warum du an einer Stelle ewig putzen und staubwischen könntest, während sich an anderen Stellen im Raum kaum etwas ablagert? Wie gehst du durch die Welt? Schaust du dir deine Umgebung erst dann genauer an, wenn jemand dich dazu auffordert, einen Kraftort zu entdecken? Was siehst du? Wo gibt es Ameisen? Wo sitzt die Katze? Wo der Hund? Wo wirst du leicht ungeduldig? Ich bestehe darauf, daß du in deinen eigenen vier Wänden anfängst, die verschiedenen Energien zu entdecken, denn wenn du sie zu Hause nicht findest, wie willst du sie an einem dir fremden Ort finden können? Wenn riesige Steine herumstehen, ist es nicht gerade schwierig zu sagen, daß an diesem Ort vermutlich eine besondere Kraft wirkt. Vielleicht stimmt es aber auch gar nicht. Vielleicht ist die Kraft hinter dem Stein. Vielleicht ist der Stein auch nur dort aufgestellt worden, um die Aufmerksamkeit von einem anderen Ort abzulenken.

In Führern zu Kraftplätzen kann man lesen, daß an den Orten, wo viel geopfert wurde, Brennesseln und andere Pflanzen dichter wachsen. Dasselbe gilt aber auch für Kompostplätze, für ehemalige Gemüsebeete, für Orte, an denen jahre- oder jahrzehntelang Obstbäume ihr Obst abwarfen. Nicht an jeder Brennessel ist früher Blut geflossen, nicht an jedem einzelnen Stein wurden Rituale gefeiert, nicht einmal in jedem Steinkreis.

Worauf ich hinauswill: Es wird immer diese Idioten-Anleitungen geben in der Art: „Wie werde ich Schamanin in vierzehn Tagen." „Wie finde ich einen Kraftplatz." Und die Landkarte gleich dazu. Aber die verschiedenen Energiequellen der Erde/des Universums zu entdecken, ist eine Arbeit, die Zeit, Einfühlungsvermögen und Konzentration erfordert. Das kann dir auch niemand beibringen. Denn ich kann dir zwar sagen, daß Ameisenstraßen gern auf Energielinien der Erde entlanglaufen, aber was nützt dir das?

Tiere stellen sichtbare, hörbare Verbindungen zu Energieplätzen her, aber diese Verbindungen zu hören und zu sehen, setzt voraus, daß du bereit bist und Lust hast, die Wesen der Natur zu beobachten. Denn wenn du ihre Alltagsgeräusche nicht kennst, wie würdest du dann die Geräusche erkennen, die an einem Kraftplatz entstehen? Wenn du den Flug der Vögel nie beobachtest, wie würdest du den veränderten Flug überhaupt bemerken? Wenn du den Menschen nicht ins Gesicht schaust und ihr Verhalten nicht studierst, wie würde dir auffallen, daß an einer besonderen Stelle alle beobachteten Personen unruhig oder wütend oder ungeduldig werden? Das ist ein Weg, Kraftplätze von anderen zu unterscheiden. An manchen Plätzen frierst du eher, an manchen wird dir heiß. An manchen bekommst du grundlos Angst, an anderen fängst du an zu träumen. An manchen Orten verwandelt sich der Baum in einen Zwerg und der Strauch in eine Elfe, und an anderen Stellen bleibt jeder Stein ein Stein, auch wenn sich die Phantasie noch so bemüht.

An der einen Ecke des Fensterbretts wuchern die Pflanzen, an der anderen kümmern sie dahin, obwohl Sonne und Wasser gleich verteilt sind. Kraftplätze sind nicht in erster Linie spektakuläre Orte, an denen die großen Wunder geschehen, sondern Orte, an denen relativ ungefiltert Schwingungen ausströmen, die in allen Wesen der Natur eine Antwort auslösen.

Bei Menschen mit starken zauberischen Fähigkeiten, wie sie heute kaum noch leben, kann der Kraftplatz ein Teil ihres Körpers sein. Denn immer ist der Kraftplatz ein Stück irdischer Materie, in der sich eine bestimmte Energie ansiedelt. So einer Person wirst du nicht in die Augen schauen können, du wirst unerklärliche Angst oder grundloses Vertrauen spüren, hinter den Augen wird sich eine Macht auftun, von der du atemlos wirst, je größer die Macht, um so gütiger die Ausstrahlung.

Bist du also auf der Suche nach einem Kraftplatz, so finde erst einmal deine eigene Kraft. Halte dich an das, was du bist und was du kannst, sonst hast du nichts entgegenzusetzen, wenn das unsichtbare Meer Welle um Welle über dich hinwegschleudert. Und wenn dich die ersten Zweifel packen, ob du überhaupt existierst, ob du nicht in Wirklichkeit völlig idiotisch bist, dann ist es gut zu wissen: Immerhin kann ich ruhig atmen, tief brummen, laut singen. Eine Schwingung für eine Schwingung, ein Lachen für ein Brüllen, ein Lied für eine mächtige Energie.

Wenn du die Suche nach dem Kraftplatz mit der Findung deiner eigenen Kraft beginnst, dann kannst du nach Stonehenge gehen, wenn vierhundert Japaner gleichzeitig die Penisfutterale von ihren Teleobjektiven streifen und den Ort zu vergewaltigen versuchen, denn wenn du weißt, was deine Kraft ist, erkennst du im ersten Augenblick die Kraft des Platzes, und die Energien verbinden sich, die Fotoapparate lösen sich auf, die Menschen werden durchsichtig. In ihren Herzen siehst du die Bilder ihrer Sehnsüchte, ihrer Ängste, ihrer Trauer, und du wirst von einer Welle der Heiterkeit erfaßt. Der Ort verbündet sich mit dir, weil er dich erkennt. Jede bewußte Energie erkennt eine andere. Es kann dir allerdings auch passieren, daß du im Büro der Stadtwerke einen Stuhl berührst, weil du merkst, der steht genau über einer Kraftquelle, und niemand weiß es.

Um Kraftorte wirklich zu erkennen und dich mit ihnen zu verbünden, wirst du die Klischees aufgeben müssen, die du über Kraftorte hast, und du wirst lernen, Orte zu meiden, deren Kraft zu stark für dich ist, und nicht wie ein kleiner Möchte-Gern-Zauberer jeder Energie nachlaufen und dich anbiedern. Denn Kraftorte nehmen keine Rücksicht darauf, daß du ihnen nicht gewachsen bist. Und wenn du die Kraft gern anzapfen möchtest, mußt du schon ein Gefäß dabeihaben, das stark genug ist. Die Meisterschaft im Verarbeiten von Kraftplätzen hast du dann erreicht, wenn du alles, was du erlebst, wieder loslassen kannst. Wenn du aus der wichtigsten Erfahrung keine Sensationen mehr machen mußt, wenn du etwas spüren kannst und es dabei bewenden läßt, wenn du durchlässig bist. Ge-lassen eben, wie Narren und Erleuchtete.

TEXT/IL

Sprache, Text ist ein Gewebe: Was wir sprechen, bewirken wir auch. Wenn wir den Faden verlieren, stockt die Rede, ist uns der Hals wie zugeschnürt. Die Sprache ist ein Geflecht aus Wörtern, die wir lernen, um Empfindungen und Wahrnehmungen in zwischenmenschliche Verständlichkeit zu übersetzen. Sprache ist auch ein Code: Wörter enthüllen die wahre Energie, die im beschriebenen Zustand steckt. Die Beengung unserer Kultur gegen Körper und Seele drückt sich sehr genau in Redewendungen aus:

Jeder hat sein Kreuz zu tragen, heißt es, und wir bürden uns zuviel auf; etwas sitzt uns im Nacken, macht uns Kopfzerbrechen. Wenn wir uns beflügelt fühlen, ist alles einfach, oder wenn uns jemand den Rücken stärkt. Hand aufs Herz, kommen wir nicht besser mit etwas Fingerspitzengefühl zurecht? Wenn wir zuviel schlucken müssen, läuft uns manchmal die Galle über, da stößt uns schon mal etwas sauer auf. Das müssen wir dann eben erst verdauen. Atemberaubende Erlebnisse können ja ganz schön sein, aber wenn wir abgewürgt werden, wenn uns der Hals wie zugeschnürt ist, bleibt Halsweh sicher nicht aus. Wenn wir sauer sind, geht uns nicht nur manches auf die Nerven oder zu vieles unter die Haut, sondern auch an die Nieren. Gut, wenn dich das nicht juckt. Aber wenn uns immer jemand in den Ohren liegt, wie sollen wir da mit Leib und Seele bei der Sache sein?

Das ist nicht an den Haaren herbeigezogen. Hast du nie markerschütternde Schreie gehört? Noch nie etwas bis zur Bewußtlosigkeit getan? Mußtest du noch nie jemandem die Stirn bieten? Dann hast du es vielleicht faustdick hinter den Ohren und bist bestimmt nicht auf den Mund gefallen. Beißt man sich an dir gar die Zähne aus?

Gibt es Personen, die du nicht riechen kannst? Findest du das haarsträubend? Fall mir nicht in den Rücken! Schau lieber, daß du weiterkommst. Schau dir die Sprache genau an, wenn du etwas über deine Kultur lernen und weiterkommen willst. Wenn du eine Ahnung hast, dann kann dein Kontakt zu den Ahnen nicht so schlecht sein. Wenn du etwas spürst, bist du auf der Spur, merkst du es? Eine Übersetzung ist auch ein Übersetzen ans andere Ufer, du machst dich mit der anderen Seite einer Kultur, mit einer anderen Welt vertraut. Und weil wir schon bei Sprache sind: Da ist auch Rache drin. In der Sprache rächt sich, was nicht genau wahrgenommen und gefühlt wird. Das Netz der Sprache zeigt sich in vielen Ausdrücken: verschlungene Redewendungen, wirksam wie gewirkt, gewebt, verbindlich, da binden wir uns ein, damit wir nicht fallengelassen werden. Was in der Sprache oder Kultur fest verankert ist, hängt an einem starken Strick, verstricken wir uns drin? Kurz angebunden ist nicht so angenehm wie ein geistiges Band, das verbindet. Wenn es nur nicht zur Beziehung wird, wo an allen Ecken gezogen und gezerrt wird. Ein Anknüpfungspunkt reicht auch schon. Der Anziehungskraft mancher Menschen entgehen wir allerdings auch ohne starke Bindungen nicht. Spinne ich? Ja, das kann gut sein, ich spinne gern, wenn ich auch nicht faseln mag, das enthält mir zu viele Fasern und zu wenig Wirkung. Wo keine Entwicklung stattfindet, kann ich auch nicht anknüpfen, da brauche ich vielleicht einen Leitfaden? Oder eine gute Verbindung.

Ausgesprochene Worte wirken stärker nach, als uns oft bewußt wird. Wenn ich sage: Du darfst jetzt nicht TOD denken, so denkst du es, weil ich es ausgesprochen habe. Worte sind auch Macht. Wer sich ausdrücken kann, übt Macht aus. Wer einen Namen ruft, hat Macht über alle Menschen, die so heißen und es hören. Das kannst du ausprobieren: Rufst du auf einem belebten Platz HANS, so werden sich alle Männer mit dem Namen Hans umdrehen. Rufst du einen Hund mit seinem Namen, wird er dich nicht mehr beißen, er muß gehorchen, weil du seinen Namen kennst und deshalb Macht über ihn hast. Namen und Worte haben in Märchen dazu geführt, daß Schätze gewonnen wurden und zerrannen, daß Menschen befreit, verzaubert und erlöst wurden. Sesam öffne dich, Mutabor, Rumpelstilzchen, Schatzhauser im Tannenwald – wer die Namen kennt, darf Wünsche äußern. Ob diese Wünsche schließlich etwas nützen, steht auf einem anderen Blatt. Denn wer ohne Wissen zu Macht kommt, schadet sich meistens selbst, darf eine Weile mitspielen, um danach um so tiefer zu fallen.

Die Zauberlehrlinge der Geschichte haben bewiesen, wie trügerisch Macht ist für den, der in einen Rausch verfällt. Also, wenn du auf einem öffentlichen Platz HANS rufst, müssen sich zwar alle mit Namen Hans umdrehen, aber was machst du dann damit? Mit Sprache Macht auszuüben, hat nur Sinn, wenn es ein Transportmittel bleibt.

Und auf einer weiteren Ebene wirkt Sprache: Klänge, formulierte Worte, Sätze, Klangteppiche schwingen in den Kosmos, werden zurückgeworfen, treiben weiter, verdichten sich, lösen sich auf, lösen andere Laute aus. Wut ruft Wut, Freude ruft Freude, Lust ruft Lust. Gleiches zieht Gleiches an. Angst zieht Angst, Gewalt zieht Gewalt an. Um so wichtiger wird es, die Sprache genau auf ihren Inhalt, ihre Wirkung zu untersuchen.

Sprache ist eine Nährlösung für die Bilder in unseren Köpfen. Worte schaffen Bilder, schaffen Realität.

Während des Franco-Faschismus in Spanien durfte das Wort Guernica nicht ausgesprochen werden, weil das Leid von Guernica mit Picassos Bild von Guernica zum Symbol des Widerstands gegen die Faschisten geworden war. In bürgerlichen Familien dürfen die Kinder nicht „geil“ oder „leck mich am Arsch“ sagen. In katholischen Häusern darf nicht „Kruzifix“ oder „verdammt“ gesagt werden.

In unserer Geschichte, der Geschichte der Frauen-Unterdrückung, durften die Namen der Göttinnen nicht mehr ausgesprochen werden. Die Eroberer empfanden das als Provokation, später wurde die Nennung bestimmter Worte wie „Matriarchat“ tabuisiert. Begriffe, die im gesellschaftlichen oder politischen Leben wichtig waren, existierten nur in der männlichen Form, damit Frauen sich ausgeschlossen wissen sollten.

Sprache ist auch Provokation. Die Tochter einer Freundin sagte im Schuhgeschäft zur älteren Verkäuferin: „Meine Mama hat gesagt, ich soll in einem Geschäft nicht Scheiße sagen. Ich sage ja auch gar nicht Scheiße, aber nur weil meine Mama gesagt hat, daß es sich nicht gehört, zu fremden Leuten Scheiße zu sagen.“

Benenne es. Sag, was du willst, sag, was du brauchst, sag, was dich schmerzt, sag, was dir fehlt. Sprich es dir vom Herzen. Gib deinen Gefühlen Worte. Unterschätze nicht die Macht des gesprochenen und auch des geschriebenen Wortes. Worte (Text) weben den Teppich (Textil) der Wirklichkeit, in der du lebst, die du beeinflußt und gestaltest.

WIEDERHOLEN – BESCHWÖREN

Schneide dich nicht! Schneide dich nur ja nicht! Schneide dich nicht in den Finger! Was bleibt im Gedächtnis? Schneide dich! Mach das ja nicht noch einmal, das sage ich dir. Mach das nie mehr! Was bleibt? Mach das! Schreibe hundertmal: Ich soll nicht schwätzen! Schwätze!! In der Wiederholung liegt die Magie der Gestaltung. Indem ich dich zwinge, etwas wieder und wieder zu sagen, zu tun, bleibt es dir haften. Ich besetze dich mit dem, was ich dich zwinge zu wiederholen. Du bist doch der dümmste Schüler von der ganzen Schule, schaut euch mal den an! Der dümmste von allen! schrie eine Lehrerin meiner Tochter in der Volksschule. Sie beschwor und wiederholte, was sie wahrhaben wollte. In jeder Klasse fand sie mindestens einen, dem sie ihren Fluch auferlegen konnte. In der Wiederholung und Beschwörung liegt Magie. Du wiederholst dich, heißt es. Sag das nicht noch einmal. Warum denn nicht? In der Wiederholung eines unangenehmen Inhalts liegt Schmerz. Worte können krank machen und heilen. In der Wiederholung liegt die Magie der Gestaltung. Millionenmal hängt der gequälte Jesus in den Häusern der Menschen. Millionenfach wiederholt und heraufbeschworen: das Leiden, die Sinnlosigkeit, Gutes zu tun. Die Undankbarkeit der Menschen, die Notwendigkeit des Leidens, damit Erlösung möglich wird. Wenn es auch durch die Wiederholung nicht wahrer wird: Realität ist es geworden. Millionen von Menschen nehmen sich den Gequälten zum Vorbild, und wenn schon nicht den, dann wenigstens die Quäler. Das Muster ist vorgegeben, die Wiederholung macht es unausweichlich.

Oh Maria, hilf! flüstern die Frauen in den Kirchen und Kapellen, vor Hausaltären und auf Wallfahrten. Und Maria hilft, weil die Magie der Wiederholung und Beschwörung alles möglich macht. Selbst das Unmögliche.

In der Werbung wird besprochen, beschworen und wiederholt, wiederholt, bis alle mitsingen, bis wir die Melodien verträumt vor uns hinsingen, bis wir nicht mehr in der Lage sind, anderes als das Vorgesagte zu sprechen oder zu singen. Ja, während die Menschheit nicht mehr an Magie glauben soll, wie wir allenthalben lesen können, benutzen Werbung, Politik und Technik gerade diese Magie, um die Menschen auf sich und die eigenen Inhalte einzuschwören. Der Rosenkranz der Werbung wird heruntergebetet, bis wir alle im Schlaf nachplappern können, was vorgesagt wurde. Und wir vergessen die Magie unserer eigenen Vision, die nichts mit Waschmitteln und Lebensversicherungen zu tun hat. Wo im Kopf bleibt Platz, bei all den Beschwörungen und Wiederholungen von Lügen und Banalitäten.

Ich schaff's, ich werde siegen, ich werde auf dem Siegerpodest stehen. Ich werde es schaffen. Ich werde Sieger sein. Motivieren sich Spitzensportler zu Höchstleistungen. Sie erinnern sich an das alte Gesetz: Was ich ständig beschwöre und wiederhole, wird Realität, nimmt Gestalt an, nimmt Formen an. Materialisiert sich.

Ich wiederhole, was ich gestalten will. Ich wiederhole, was ich materialisieren will. Ich wiederhole, weil ich damit Kraft konzentriere, und während ich spreche, tauchen Bilder auf in meinem Kopf. Ich wiederhole und bringe sie in Erscheinung.

Ich sage es wieder und wieder, und das Wort nimmt Gestalt an und verdichtet sich zu greifbarer Wirklichkeit. Ist Beten vielleicht nichts anderes als eine Technik, Wünsche wahrwerden zu lassen?

Ich sage es wieder und wieder und höre es und nehme wahr, was ich sage, und während ich es sage und wieder sage und wiederhole, beginne ich, die Realität des Gesagten zu spüren. Ja, es ist wahr, ich habe es so oft wiederholt, es ist wahr, ich nehme wahr, ich spreche wahr, ich wahrsage wieder und wieder, was ich wünsche.

Wieder und wieder sprechen die Politiker unseres Landes auf die Menschen ein: Wir meinen es gut. Wir sprechen die Wahrheit. Ja, wir sprechen die Wahrheit. Ich gebe mein Ehrenwort. Mein Ehrenwort gebe ich. Es ist alles in Ordnung. Niemals bestand zu irgendeiner Zeit Gefahr. Nein, zu keiner Zeit bestand je irgendeine Gefahr. In allen Variationen werden die Bissen bereitet, vorgekaut und öffentlich verdaut, wieder und wieder, die wir schlucken sollen. Und langsam, langsam, da es wieder und wieder über alle Radios und Fernseher klingt, beginnen die Menschen zaghaft zu glauben, zu vertrauen. Das Wiederholte lullt sie ein, schlägt sie in ihren Bann, wieder, immer wieder das gleiche, es ist so leicht, so leicht, alles zu glauben, und wir sind so müde, so müde sind wir, wir sind ja so müde, zu müde, um selbst etwas zu tun, um überhaupt etwas tun zu können.

So wie die Politiker uns in ihre Vernichtungstrance sprechen, so können wir selbst auch unsere eigenen Visionen wieder stark machen. Wieder und wieder singe ich meine Bilder, meine Träume.

In den Kirchen sitzen die Frauen mit ihren Rosenkränzen und murmeln. Schon längst ist nicht mehr zu verstehen, was sie murmeln, und wer weiß, ob sie es selbst noch wissen. Und doch sind sie es, die die Kirche lebendig murmeln, die der Kirche das tägliche Wasser auf ihre Mühlen liefern. Sie murmeln die Kirche lebendig, weil sie murmeln und beten, fallen die Gotteshäuser nicht zusammen. Wenn sie doch die Mauern der Kirchen brüchig murmeln wollten!

Beschwöre nichts herauf! sagt der Volksmund. Besprich's nicht! Unberufen! Da ist die Erinnerung noch lebendig ans Heraufbeschwören und Rufen! Was das wohl war? Gleich wird's regnen, sagst du, und jemand sagt: Beschwör's nicht herauf. Können wir's denn heraufbeschwören? Konnten wir's?

Standen wir nicht auf den Feldern und an den Meeressträndern und riefen den Sturm: „Gleich regnet's. Ja, gleich wird's regnen." Haben wir nicht alles, was wir brauchten, „be-sprochen": „Das Getreide wird wachsen, und wir werden dreimal soviel, ja dreimal soviel heimtragen wie im letzten Herbst..."

Das Beschwören und Besprechen kommt aus einer anderen Art zu leben: Ich nehme Kontakt auf zu der Umgebung, in der ich lebe, und mache bekannt, was mich gerade plagt oder beschäftigt. „Was redest du denn mit dem Kind so genau, das versteht dich doch nicht", sagte einmal eine Tante zu mir, als sie hörte, wie ich dem acht Monate alten Kind erzählte, was ich heute alles vorhabe. Was redest du mit dem Baum, mit dem Tier, mit dem Stein, was erzählst du dem Himmel deine Gefühle. Die verstehen dich doch nicht.

Aber sie hören und verstehen, auf ihre Art hören und verstehen sie sehr wohl, was uns bewegt. Sie hören und verstehen, und sie erleiden, was uns bewegt und was wir aus unserer Bewegung heraus zerstören.

Für alles in dieser Welt gibt es eine Sprache.

Die Sprache des Beschwörens und Wiederholens ist die Sprache der Alten. „Babababahahaha", sagen die Schamanenmütter und „Böhöböhöböhö". Was wird das wohl heißen? Und sie wiederholen es und singen es und rufen es. Machen Laute mit ihrem Mund und wiederholen sie. Und: Aha, aha, sagen wir. Und es bedeutet auch etwas. Aha. Oder gehgehgehgehgeh, wenn wir etwas nicht glauben, oder nananananana oder auch dadadadadada zum kleinen Kind. Wir wiederholen uns, in uns entsteht Wärme, das Wiederholen schafft Vertrautheit, die Stimmbänder schaukeln leise im Atem, kehlige Laute füllen den Raum um uns her, wieder und wieder lullen wir uns ein mit Lauten und verändern die Welt, weil wir sie benennen, die neue Vision beschwören und wiederholen, immer wiederholen, so wie wir es sehen werden, erzählen wir alles den Bäumen, dem Himmel, Sonne und Mond. Ich sehe, und ich erzähle. Ich nehme wahr und mache wahr, wieder und wieder sage ich wahr.

MEDIZIN DER SEELE – Mit dem Verlust der Langsamkeit beginnt die Gewalt

Sobald du geboren wirst, beginnt, aus der Stille heraus, das Gerede und Getue, im Volksmund auch als „Leben" bezeichnet. Zeit und Raum nehmen den Körper in die Zange und würgen die alte Seele. Wer ins Helle kommt – aus dem dunklen Bauch –, kommt in die Hölle. Jeden Moment des Verweilens, Träumens, des Nicht-Tuns werden wir von nun an als Pforte in die andere Welt brauchen. Je weniger wir aber auf die alte Seele hören (können), um so unerträglicher wird uns die Stille werden. Töne brauchen Stille, um gehört zu werden. Gedanken brauchen Stille, um sich zu entwickeln. Die Seele braucht Stille, um atmen zu können. Doch wir verlieren die Stille Sekunde um Sekunde. Gesundheit ist nicht die Abwesenheit von Krankheit. Die Pole Krankheit – Gesundheit/Leben – Tod gibt es nicht. Während ich dies schreibe, sterben die Zellen meiner Haut, erneuern sich Leber und Nieren, die Zellen des Gehirns, der Augen, in sieben Jahren wird mein ganzer Körper völlig erneuert sein – bis auf die Eierstöcke mit den Eiern, die sich im Leben einer Frau niemals erneuern. Mein Leben erfordert den Tod Millionen lebendiger Teilchen in mir.

In Dimensionen von gesund und krank, von heilig und unrein zu denken, ist die Hauptursache all unserer Leiden: Die „höhere Energie" hat sich den „schmutzigen Körper" als Tempel ausgesucht, und wir mühen uns redlich, ihn zu kasteien, damit er sich dieser Energie würdig erweist. Wir manipulieren, doktern herum, geben Rat-Schläge, wir TUN, weil wir nicht LASSEN können. (Tu, was du nicht lassen kannst, heißt sehr zutreffend eine Redensart.)

Susun Weed, Heilerin in der Tradition der weisen Frau, sagt zu Menschen, die auf Darmreinigung, Einläufe und Hungerkuren schwören, weil der Verdauungstrakt so schwer arbeiten muß: „Die Lunge arbeitet viel schwerer, warum verschaffst du ihr nicht ein bißchen Ruhe und atmest einen Tag nicht?"

Wir haben ein merkwürdiges Verhältnis zu dem Körper, in dem wir leben: Er soll funktionieren, ohne daß wir damit belästigt werden. Wahrgenommen wird der Körper hauptsächlich in der Störung. Unsere eigenen Wehwehchen nehmen wir überaus betulich ernst, daraus ergibt sich aber praktisch nie ein anderer, bewußterer, lustvoller Umgang mit dem Körper. Das höchste an Anteilnahme ist vielleicht noch „Vor-Sorge", als wäre nicht Sorge an sich schon schlimm genug.

Gewisse Stellen unseres Körpers sind uns so fremd wie fremde Planeten. Aus der unaufmerksamen, äußerst sporadischen und dazu noch willkürlichen Behandlung einzelner Stellen im oder am Körper erwächst uns keine Geläufigkeit, keine Vertrautheit, so daß wir auch sofort bereit sind, fremde, speziell ausgebildete Menschen zu Rate zu ziehen, wenn uns etwas fehlt. Die Auswahl der Fachkräfte reicht von LiebhaberIn über MedizinerIn zu Friseusen und KosmetikerInnen. Sie sind zuständig für körperliche Befriedigung, Wiederherstellung von Wohlgefühl und Gesundheit. Mit Heilung assoziieren wir TUN, aber nicht LASSEN.

Viele Menschen wechseln sogar den behandelnden Arzt, wenn er nichts „unternimmt".

Heilung setzt in unserer Kultur bei Behandlung der Symptome an, fortschrittliche Mediziner nehmen Lebensgewohnheiten, Ernährung und psychische Umstände in den Heilungsprozeß auf. Aber die zum Leben (lebendig sein) notwendige Luft wird in der konventionellen Medizin kaum erwähnt. Vom Arzt jedenfalls nicht. Der atmet ja selber kaum noch. Die verseuchte Luft wird zum zentralen Problem der Menschen, und das Nicht-mehr-Atmen (da ist die Luft raus! Da bleibt einem die Luft weg!) hält unsere Zellen im Würgegriff. Zellen, die nicht beatmet werden, sterben ab, aber nicht einfach sang- und klanglos. Der Tod der Zellen wird begleitet von Jammern, Stöhnen, Hadern – während wir uns beklagen, uns schlapp, energielos, kraftlos fühlen. Spontanbewegungen der Seele werden immer weniger – kaum noch ein unkontrolliertes heftiges Lachen oder Gähnen, der Körper ist so durchdiszipliniert, daß er sich praktisch nicht mehr unvermittelt dehnt, alle auftauchenden Laute werden sofort unterdrückt. Viele Menschen hören sogar im Schlaf zu atmen auf, und nur der lebensrettende Schnarchmechanismus verhindert, daß sie schlafend in den Tod gleiten.

Das Herz will tanzen, der Körper will vergnügt nach Luft japsen, genüßlich Luft pumpen, Tränen lachen. Die Gelegenheiten dazu sind dünn gesät. Höflichkeitsformen verlangen Beherrschtheit, machen Angst, flachen die Atmung ab. Die Verwundung der Seele nimmt ihren Lauf. Da bleibt dir die Spucke weg, die Spucke, die nicht nur antiseptische Substanzen enthält, sondern auch die magische Verlängerung deiner Kraft ist. In der Spucke sitzen die Hüter der Schwelle zu deinen Innereien. „Drei Meter vom Leib, oder i speib", heißt ein bayerisches Sprichwort. Spucke reinigt, schafft Raum, schützt, trägt Schleim und altes Gewebe, Bakterien und Krankheitserreger aus dem Körper, aber wann spucken wir schon? Atem und Spucke sind die wichtigsten Verbündeten im Leben, und während die Spucke alles vorsortiert und sozusagen Sekretariatsarbeit im Mund leistet, geht der Atem eine Verbindung mit den kleinsten Einheiten im Körper ein, den Zellen. Luft ist der wichtigste Bote zwischen der Außenwelt und den Mitochondrien. Mitochondrien sind die Hüter des Zellkerns. Sie schützen die Zelle vor Eindringlingen, warnen das Immunsystem, halten die Zelle lebendig. Mitochondrien-Erbinformation wird nur von Müttern zu Töchtern aktiv weitergegeben, in Söhnen bleiben die Mitochondrien inaktiv. Wenn beispielsweise ein Afrikaner eine Eskimofrau heiratet, können die Kinder zwar eine dunkle Haut haben, die Mitochondrien und die Zellinformation der Mitochondrien haben sie aber von der Mutter. Ein Forscher namens Alan Wilson stellte fest, daß die bisher älteste weibliche Leiche, die man je gefunden hat (eine afrikanische Frau, die vor etwa 25 000 Jahren gelebt hat), in ihren Mitochondrien alle Informationen beinhaltet, die man heute in sämtlichen Kulturen, Stämmen und Rassen der Welt finden kann, was die Medien zu dem verzweifelten Ausruf bewegte: „Ist unsere Urahnin eine Afrikanerin?" Läßt die Aufmerksamkeit der Mitochondrien nach, weil die Zellen schlecht beatmet, unzureichend versorgt werden, so schläft die Zelle mit der Zeit langsam ein. Ein tödlicher Schlaf! Denn sobald die Mitochondrien ihre Hüterinnenfunktion aufgeben, geht die Zelle ihrem Ende entgegen. Fremde Informationen dringen ungehindert ein, verändern Programme, und im Fall von Krebserkrankung manipulieren sie den Zellkern, der dann nur noch Krebszellen produzieren kann. Ohne Hüterin der Zelle kann jeder Eindringling die Macht übernehmen: Die Kolonialisierung des Körpers beginnt.

Die Mitochondrien brauchen Sauerstoff, aber was sie viel mehr brauchen, und die alten Clans und Stämme wußten darüber Bescheid, ist der Gesang. Verlierst du deinen Gesang, so verlierst du deine Lebensenergie. Bei den Fon in Afrika hat jedes Wesen auf der Welt einen Namen, der sich zusammensetzt aus der Energie des Wesens, aus der Energie des Gegenübers (also der Person, die auf das Wesen trifft) und aus dem Ort, an dem die Begegnung stattfindet. Die Nennung des Namens ist eine Komposition aus dem Energiefeld aller Beteiligten, kann ein Wort, ein Ton, eine Musik, ein Schrei, ein Name, ein Lied sein. Wer die Namen kennt, lebt in der Welt glücklich. Wer die Gesänge singen kann, ist nie wirklich in Gefahr. Wer die Namen und die Gesänge kennt, hat Macht (Rattenfänger von Hameln). Wer aber erinnert sich an den Gesang der Leber und an den Gesang, wenn die Leber krank ist? Wer singt den Gesang der Niere, den Gesang der Blase, den Gesang des Herzens in einer Begegnung mit einem Menschen oder einem Vogel? Wer kennt den Gesang der Haut und den Gesang der Haut, wenn sie aufschreit, weil sie erstickt?

Mit dem Verlust der Gesänge und Namen beginnt der schleichende Tod. Die moderne Medizin kann die Lebenserwartungen hochschrauben, sie kann aber das langsame Sterben nicht aufhalten, im Gegenteil. Wir sterben heutzutage länger und fangen früher damit an. Sterben ist der Verlust der ursprünglichen Gefühle, der Verlust des Wohl-Seins, des Bewußt-Seins, des Seins. Aus diesem Dilemma kann uns auch die homöopathische Medizin nicht befreien, weil ihre Antwort auf Krankheit auch nur Therapie ist. Weil sie auch nur „Mittel gegen" weiß.

Es gibt in unserer Kultur eine gewisse Hingabe an Krankheit und Tod, die allerdings nicht so benannt wird. Krankheitsgeschichten sind die neuen Heldensagen, und die Menschen ziehen eine gewisse Befriedigung aus Operationen, gefährlichen Krankheiten und Leiden, die in ihnen lauern wie wilde Tiere. Sich gehen lassen, unbändige Lebenslust verträgt sogar einen gelegentlichen lustvollen Raubbau am eigenen Körper. Was durch Zigaretten, Alkohol, Zucker und durchschlampte Nächte an Schaden entsteht, gleicht die Lust, die urtümliche Lebendigkeit, wieder aus.

Unsere Zivilisation, in hohem Maß ihre Medizin, lebt vom Eingriff, vom TUN. Vom Besser-Wissen. Vom Rat-Schläge geben, vom Bekämpfen, vom Schneiden, Zerlegen, Flicken, vom Dagegen-Setzen. Verloren ist die Stille, in der selbst feinste Signale wahrgenommen werden, verloren der Hautkontakt, die Berührung der Seele, das Hinschauen, Mit-Teilen.

Unsere DASEINS-Zustände lassen sich in fünf Etappen beschreiben:

– DA-SEIN ist das Schlagen des Herzens, Stoffwechsel, Verdauung, Atem, Schlaf, alle unwillkürlichen Reaktionen des vegetativen Nervensystems, das leere Starren (meine Mutter nennt das Batterie aufladen). Das ist salopp gesagt auch der Zustand von Schwachsinnigen und Erleuchteten und, vor allem, der Zustand eines neugeborenen Kindes.

– TRAUM/TRAUMZEIT ist die Zeit des Träumens im Schlaf oder bei Tag, Visionen und Halluzinationen, Meditationen und Trancen gehören dazu. Es ist auch das Horchen auf die Natur, die alte Sprache des Schweigens und Lauschens.

– WAHRNEHMEN wird durch die Sinne Schmecken, Riechen, Hören, Sehen, Fühlen bewirkt, dazu gehört das Erkennen von Schönheit und Seinsformen, dazu gehört auch Zu-hören, dazu gehört der Streß und die Wirkung von Zeit und Raum.

– EINBINDEN entsteht durch Beziehungen zu Orten, Menschen und Lebewesen, zu Daseinsformen und Zuständen. Wort und Tat sind die ausführenden Mittel. Familie ist die klassische Eingebundenheit, jede Art der Kommunikation ist Einbindung, jede Art von Rücksicht, Vorsicht, Höflichkeit, Verletzung, Schuldgefühl, Vorwurf, Verantwortung gehört dazu

– SUCHE/SUCHT enthält die Sehnsucht, alle Wünsche und Pläne, jede Suche nach Sinn oder Erfüllung, nach Befriedigung bis hin zur Sucht, jede Abhängigkeit von Stoffen, Menschen, Zuständen.

Jeder Heilungsprozeß wird in dem Geflecht, das ich hier entworfen haben, bei der Feststellung beginnen, welche Zustände überwiegen, im Leben ein Übergewicht haben. Übergewicht eines Zustands zieht einen Mangel anderer Zustände nach sich, und nur wenn es gelingt, alle Daseinsformen miteinander harmonisch zu kombinieren, fühlt sich auch der Körper wohl. Das heißt, daß Fernsehsüchtige genauso gefährdet sind wie Workshopsüchtige. Daß Alkoholismus genauso bedrohlich sein kann wie die Sucht zu kaufen oder zu konsumieren. Daß eine verzweifelte Suche nach dem Sinn des Lebens die Zellen ebenso schädigen kann wie das Betäuben der Sehnsüchte mit Drogen oder Bier.

„Il faut laisser", sagt Yao, ein afrikanischer Freund, immer zu mir, laß es doch. Misch dich nicht überall ein, reg dich nicht über alles auf, greif nicht immer ein. Und ich lernte, daß das nicht bedeutet, der Welt gegenüber gleichgültig zu sein.

Es ist sicher Blödsinn zu sagen, daß wir im Hier und Jetzt leben sollen. Was ist schon Hier und Jetzt? Während ich das schreibe, ist Hier und Jetzt bereits graue Vorzeit. Aber beschäftigt es mich deshalb weniger, hat es weniger Bedeutung für mich? Ohne Vergangenheit haben wir weder Gegenwart noch Zukunft. Es ist vielleicht ganz nützlich, Vergangenheit, Gegenwart und Zukunft einmal als Hilfskonstruktionen zu sehen, die nicht wirklich existieren, sondern so eine Art Ablage sind, wo wir Erlebnisse, Erfahrungen, Träume und Pläne einordnen. In Wirklichkeit ist alles nebeneinander, gleichzeitig, wie in einem großen Geflecht. Befestigt ist dieses Geflecht in der Vergangenheit und in der Zukunft. In der Gegenwart wird es gewebt, wir bewegen uns darin und fangen Ereignisse ein. Die Vergangenheit, in der das Netz verankert ist, bleibt genauso präsent und wichtig wie die Gegenwart, in der sich das Netz verdichtet und neue Anknüpfungspunkte sucht. Die Zukunft nährt sich aus Erinnerung, Träumen und Wünschen. Wenn ich einfach Da Bin, erfüllt sich die Zukunft in meinem Netz der Gegenwart und der Vergangenheit.

Alte russische Schamanenerzählungen kennen keine Vergangenheit. Sie beschreiben alles in der Gegenwart, denn während es erzählt wird, geschieht es ja wieder, und indem es geschehen ist und wieder und wieder erzählt wird, ist es zeitunabhängig einfach da.

Dahinter steckt natürlich auch der Gedanke, daß das, was du nennst, gerufen wird und anwesend ist. Denn jede Materie hat einen Teil ihrer Substanz in der unsichtbaren Welt, und diese unsichtbare Seite der Dinge wird durch Benennung aktiviert und in die Gegenwart geholt. Auf diesem Prinzip basieren die Lieder der Helden, die Gesänge der Clans, die Legenden und Erzählungen der Völker. Sie werden erzählt, beschworen, angerufen, sich in der Gegenwart immer wieder zu erfüllen.

Die Medizin der Seele, im Licht meines Geflechts gesehen, beginnt bei der Bestandsaufnahme: Wo ist das Schwergewicht? Und von dort breitet sie sich immer in Richtung DA SEIN aus. Wenn ich überwiegend *Sucht-Strukturen* in mir nähre und festhalte, ist es Unsinn zu sagen: Du mußt einfach nur SEIN, denn dann kann ich das gar nicht. Ich muß *Bindungen* herstellen, die mir helfen, die Sucht aufzulösen. In der Sicherheit dieser Bindungen kann ich meine *Wahrnehmung* entfalten, stärke ich mich soweit, daß ich wieder in die *Traumzeit* eintauchen kann, um endlich *da sein* zu können. Es geht nicht um Leistung, um die Schnelligkeit eines Heilprozesses, sondern um die Lebbarkeit der Heilung. Bin ich wirklich lebendig, dann finde ich einen Anknüpfungspunkt. Bin ich schon zu sehr gestorben, um den Rückweg anzutreten, gebe ich mich auf und suche den Tod.

Der Zustand der zerstörten Erde gibt im Grunde nur der Suchtstruktur Nahrung. Die Wissenschaft hat alles unternommen, um das Leben in ein langgezogenes und verzweifeltes Sterben zu verwandeln – egal, was immer sie zu ihrer Rechtfertigung hervorbringen wird, in der Wissenschaft ist die Suche, die Suchtstruktur als treibende Kraft verankert. Das Sein-Lassen aufgrund von Erkenntnis oder Wahrnehmen ist einfach nicht mehr drin. Allein schon durch die Dynamik der Zielgerichtetheit: Die Forschung arbeitet von A nach B und nicht etwa zyklisch oder netzartig – ein Loslassen, ein Wahrnehmen oder gar Da-Sein ist gar nicht möglich. Ein Ziel muß erreicht, ein Plan erfüllt, eine Arbeit abgeschlossen werden. Alles andere ist Scheitern und neue Suche.

In der Tradition der westafrikanischen Yoruba gibt es einen Gott, der in seinem Gefolge die Wilde Jagd der Krankheiten und der Krankheitsfresser mit sich führt. Wird ein Mensch krank, so zielt die Bemühung der HeilerInnen darauf ab, den Gott dazu zu bewegen, auch die Krankheitsfresser in den Körper zu schicken. Denn Krankheitserreger und Krankheitsfresser sind nur gemeinsam eine Einheit. Sie halten sich gegenseitig im Zaum. Durch das Spiel der unterschiedlichen Kräfte im menschlichen Körper entsteht ein Ausgleich, der Mensch wird gesund. Diese Vorstellung der Yoruba hat eine Entsprechung in der modernen Medizin. Im Körper gibt es Makrophagen, Freßzellen, und Bakteriophagen, Bakterienfresser, die eigentlich dafür da sind, Eindringlinge unschädlich zu machen. Unser Immunsystem ist aber nicht eine Armee, die im Gleichschritt stumpfsinnig marschiert und alles massakriert, was ihr in die Quere kommt. (Das sterbende Herz kann nur noch im Gleichschritt marschieren, haben Forscher der Harvard Medical School festgestellt, das gesunde Herz aber tanzt.) Das Immunsystem ist eine Gesellschaft verschiedener kleiner Wesen, die miteinander kommunizieren, sich informieren, Information weitergeben, es arbeitet in erster Linie auf der Basis von Verständigung und Verhandlung. Wir leben oft jahrelang mit irgendwelchen Viren oder Bakterien im Körper und werden nicht krank. Das zeigt, daß ein lebendiges Immunsystem sich sehr gut mit Kräften arrangieren kann, die vielleicht irgendwann einmal gefährlich werden, aber eben auch ganz friedlich mit-leben können. Herrschende Staats-Ideologie besagt, daß Feinde bekämpft und vernichtet werden müssen. Die Gesetze der Alten sagen, daß alles, auch das Furchtbarste, Teil von uns ist und integriert werden muß, um lebendig bleiben zu können.

Im Normalzustand flüstert die Seele, das Gehirn spielt mit sich selbst und erfüllt ganz nebenbei die Befehle, die ihm von seinem Träger, dem Menschen, gegeben werden. Das geht auch bei ständiger Überbelastung und bei schwachsinnigen Anweisungen an Hirn und Körper oft erstaunlich lange gut. Aber irgendwann erträgt die Seele den Zustand nicht mehr, daß wir nichts hinzulernen wollen. Irgendwann weigert sich das Hirn, blöde, zerstörerische Befehle zu befolgen, deren fatale Folgen es ja aufgrund seiner gespeicherten Informationen kennt. Geheimnis bleibt die Frage, warum der Mensch nicht weiß, was seine Seele, sein Körper und sein Hirn wissen. In so schlecht koordinierten Zeiten (in der Umgangssprache auch Streß oder seelische Belastung genannt) bricht der Mensch zusammen oder wird krank. Die Seele ist kein Einzelwesen, sagt ein afrikanischer Mythos, die Seele ist ein Schwarm. Ein Teil davon sucht sich einen Körper, der andere Teil bleibt in der unsichtbaren Welt und hält den Kontakt mit der materiellen Welt aufrecht. Auch der Körper ist kein Einzelwesen, sondern ein Schwarm von Mikroorganismen, Mikroben, Viren, Bakterien, kurz, eine freiwillige Verbindung vieler unterschiedlicher Wesen. Die Medizin der Seele beginnt beim Tanz, beim spielerischen Verbinden aller Kräfte, beim Einkreisen, Wirbeln, Mit-teilen. Die Medizin der Seele beginnt beim Wiederfinden (Wiederholen, Er-holen) des Gesangs, beim Gähnen, Tränenlachen, Dehnen, Rülpsen, Furzen, Weinen, Seufzen, Fließen.

Aber welcher Arzt wird das in zwei bis fünf Minuten erkennen und zugeben? Wie würde er das in die alte Inquisitionssprache Latein übersetzen? Wie könnte er es verschreiben und dabei seine Verpflichtungen an die Pharmaindustrie erfüllen? Wie könnte er die PatientInnen nicht verärgern, die sich erst ernstgenommen fühlen, wenn sie ein Präparat mit schweren Nebenwirkungen verschrieben bekommen. Was ersetzt, wenn wir gesund und munter sind, die „Kriegserzählungen" von überstandenen Operationen und schweren Krankheiten?

Wir verteufeln die Viren, weil sie unersättlich sind und den Lebensraum (unseren Körper) zerstören, von dem sie ja schließlich auch leben. Dabei machen sie mit uns nur das, was wir mit unserem eigenen Lebensraum machen. Hier wird das magische Gesetz am deutlichsten: wie im Großen so im Kleinen. So wie die Sonne im Universum pulst, schlägt unser Herz, wie wir Feinde bekämpfen, bekämpfen wir Krankheiten und sterben daran, wie wir andererseits Eindringlinge integrieren und damit überleben lernen, können wir auch unseren Lebensraum erhalten und retten, indem wir in Kommunikation mit allen Kräften treten. Es könnte eine beglückende Erfahrung sein, zu entdecken, daß die schlimmsten Eigenschaften unserer „Feinde" auch ein Teil unserer eigenen Energie sind.

RITUALE

Zwei dunkle Punkte in unserer Geschichte machen uns das Feiern von Ritualen schwer: die Inquisition der Kirche und der Faschismus. Während der Inquisitionszeit wurden alle Reste frühgeschichtlicher Kulturen und Religionen ausradiert. Es ging ja nicht nur darum, das Wissen der weisen Frauen zu übernehmen und sie dann zu beseitigen. Solange die alten Riten und Kulte existierten, konnte die Kirche sich nicht durchsetzen, weil ihre strengen Regeln nicht übermäßig attraktiv fürs Volk waren. Bis etwa 800 nach Christi Geburt lebten keltische, römische, germanische und frühchristliche Gemeinschaften problemlos miteinander, ja sie übernahmen sogar Verehrungsformen und Rituale voneinander und verwoben sie mit den eigenen. Erst die Verfolgung der Ketzer, der Templer und später der „Hexen" und die Institutionalisierung dieser Verfolgung durch den „Hexenhammer" machte diesem Zusammenleben ein Ende.

Daß ausgerechnet die Faschisten das kirchliche Ritual-Tabu durchbrachen, erschwert uns den Zugang zu den alten Kulten ganz erheblich. Jedes Ritual muß sich heute den Vergleich mit Naziritualen gefallenlassen, denn Feste und Übergangsriten wurden von den Faschisten ausgegraben und in ihre Massenveranstaltungen, in ihre Theorie vom Übermenschen, von der rassischen Elite integriert.

Heißt das, daß wir keine Rituale mehr feiern können? Ist ein Ritual an sich faschistisch, weil es von Faschisten durchgeführt wurde? Oder umgekehrt: Feiern wir wirklich die gleichen Rituale, die die Nazis gefeiert haben? Brauchen wir Siegfried und den feigen Gunther, der Brünnhild nur durch Betrug und Vergewaltigung besiegen konnte? Ist die Göttin Demeter eine Faschistin, nur weil sie von den Faschisten die fragwürdige Ehre der Anbetung erhielt? Ist Guglhupf giftig, weil Hitler ihn so gern gegessen hat?

Oder müssen wir anders an dieses Problem herangehen? Vielleicht so: Was lasse ich mir alles befehlen, was führe ich alles sklavisch genau aus, von wem lasse ich mich mitreißen, faszinieren, ausnehmen? Diese Fragen sind im Zusammenhang mit der spirituellen Bewegung, die auch gern *New Age* genannt wird, von großer Bedeutung. Wer sitzt auf dem Karren, den ich ziehe? Was bedeuten diese seltsamen Gesänge, deren Worte ich nicht verstehe? Was ist das für ein Ritual, das zusammenbricht, nur weil ich mit dem falschen Fuß vorangegangen bin? Es kann gut sein, alte Rituale nachzufeiern, aber wo sich Unbehagen einstellt, ist es noch besser, auszusteigen. Wie immer bleibt die Frage nach der Zivilcourage: Wer wagt es, die Gruppenzwänge zu durchbrechen und zu sagen, das finde ich blöd, oder dabei fühle ich mich nicht wohl? Das aber ist die Voraussetzung dafür, überhaupt Rituale zu feiern. Wir sollten sie gemeinsam er-finden, und Rituale sollten Spaß machen.

In Märchenbüchern finden sich oft schöne Ritualvorschläge. Ein Orakel auf dem Grab der Mutter durchzuführen, kann so wunderbar sein, wie auf die Schwelle zu spucken und sie zu bitten, unliebsame Besucher fernzuhalten. In Märchen gehen die Hauptfiguren in den Wald und rufen nach geheimen Vorschriften Geister und Zauberer, finden Schätze und tanzen mit Elfen. Alle diese Märchenerzählungen sind auch Beschreibungen von funktionierenden Ritualen, wir brauchen nur Phantasie und Lust, sie selber auszuprobieren.

Ich feiere keine Rituale, bei denen es komplizierte Anweisungen oder gar Schrittfolgen gibt. Ich habe auch überhaupt kein Bedürfnis, eine Religion durch die andere zu ersetzen. Vielmehr sehe ich eine echte Befreiung darin, ein Ritual auf eine Art zu planen und dann ganz anders durchzuführen.

Am wohlsten fühlte ich mich bei einem Fest, an dem wir die vier Elemente riefen. Als die Frauen des Feuers dran waren und alle möglichen Feuer-Erscheinungsformen vom Vulkan übers Herdfeuer bis zum Fieber riefen, ertönte plötzlich eine zaghafte Stimme: „Ich rufe die Feuerwehr." Worauf sich der ganze Ritualkreis in Wohlgefallen auflöste.

„Machen wir ein Ritual", sagen Freundinnen zu mir. „Ja, was machen wir denn am besten?" „Ich war vor ein paar Wochen bei einem Indianerschamanen, da haben wir so ein Erdritual gemacht, ich weiß nicht, ob ich das jetzt noch hinkriege…" „Aber wenn du es nicht mehr genau weißt, klappts bestimmt nicht!"

Ein Ritual ist keine militärische Übung und muß nicht „klappen". Es hat auch wenig Sinn, im Trend der Zeit ein Ritual aus Tibet, Südamerika oder Afrika irgendeinem Ort zu Hause wie ein zu enges Kleid überzustülpen. Rituale im alten Sinn dienen der Kommunikation mit der Erde, den Tieren, den Pflanzen, mit Steinen, Elementen und dem Universum. Sie gleichen Telefonzentralen: Eine Struktur wird geschaffen, in der Schwingungen ankommen, von der Schwingungen ausgehen können.

Ich muß mir also für jedes Ritual, das ich feiern will, die Mühe machen, den Ort kennenzulernen, den ich einbeziehen will. Dann muß ich halt den vom nahen Chemiewerk verseuchten Boden, den toten Bach, das letzte Mäusebussardpaar, die sterbenden Bäume oder die klare Quelle, die bedrohten Dachse oder die nahe Autobahn mit meinem Ritual verbinden, wenn es einen Sinn haben soll.

Die Kirche hat mir religiöse Rituale zuerst nahegebracht und dann verleidet. Mit vierzehn wollte ich unbedingt von der protestantischen zur katholischen Kirche konvertieren – wegen der Maiandacht. Ich liebte es, in die abendliche, nur von Kerzen erhellte Kirche zu gehen und dem Gemurmel der Frauen zuzuhören: „Heilige Maria, bitte für uns Sünder, jetzt und in der Stunde unseres Todes. Amen." Ja, das wollte ich auch. Maria hatten wir nämlich nicht, nur lauter ältere Herren, die Apostel und Jünger hießen und mir unverständliches Zeug von sich gaben. Jesus war ein Mann zum Verlieben, der unglaublich klug auf blöde Fragen antworten konnte. Aber da ich nun mal als Frau geboren war, konnte ich mich nicht so gut mit ihm identifizieren. Es zog mich einfach zum betäubenden Weihrauchgeruch am Marienaltar, zu den engelsgleichen Stimmen des Kirchenchors, der auch noch von einer echten Orgel begleitet wurde, während wir in der evangelischen Kirche nur ein asthmatisches Harmonium hatten. Meine Begeisterung für die Mai-Trancen verging, als ich ein Ave

Maria beten sollte und mich schrecklich blamierte, weil ich es nicht besser wußte und „Ave Maria, der du bist im Himmel" sagte. Das Ritual des Beichtens hätte mir auch gefallen, scheiterte aber am Beichtspiegel, den ich hätte wissen müssen. So blieb ich weiterhin mit meinen schweren Jugendsünden beladen und kümmerte mich immer weniger um die strengen Regeln der Religion.

Die achtundsechziger Bewegung – auch wenn die Beteiligten das weit von sich weisen – war auch nicht ohne Rituale. Im betäubenden Rauch vieler Zigaretten wurden Kürzel durch den Raum geschleudert, ML, AK, RotzÖk, KPDML, LC und so weiter, gewürzt mit den damals üblichen Kultworten wie Ausbeutung, Lohnabhängigkeit, Kapitalismus, Genossen, Schulung, Bewußtseinsbildung... Ich lernte diese Kultsprache so gut, daß ich mich zeitweise z.b. auf italienisch zwar über die Währungskrise geschliffen unterhalten, aber keine Gebrauchsanweisung für eine elektrische Zahnbürste entziffern konnte. Später erinnerte mich das an ein Gespräch mit einem Afrikaner, der völlig unmotiviert bei einer Wegbeschreibung immer wieder „the Lord is mighty" und „praise the Lord" einflocht. Die Ablösung alter Kulte durch neue prägt eben auch die Sprache.

In den achtziger Jahren fand die erste Verbindung zwischen politischen Aktionen und spirituellen Ritualen statt. In Greenham Common, Großbritannien, wo 176 amerikanische Pershing II Raketen stationiert werden sollten, flochten wir bei einem Ostercamp Wollfäden um den ganzen Zaun herum. Obwohl diese Aktion das Ein- und Ausfahren von Lastwagen natürlich nicht verhindern konnte, entstand durch die symbolische Handlung eine unglaubliche Heiterkeit und Stärke auf der Seite des Frauen-Widerstands und Aggression im Inneren des Zauns. Frauen, die das Pentagon in Washington mit Wolle einzuspinnen begannen, erlebten, wie blindwütige Soldaten mit Metallscheren auf die zarten Fäden losgingen. Das Netz, das Gewebe ist ein mächtiges Symbol für Solidarität und Stärke. Ein anderes politisches Ritual mit unglaublicher Wirkung war, nicht nur für mich, die Menschenkette zwischen Mutlangen und Stuttgart gegen die Atomwaffen-Stationierung.

Rituale in politischem Zusammenhang sind die Folge der Erkenntnis und Einsicht. Denn nicht Revolutionen werden die Welt verändern, sondern die Kraft der Wandlung – eine Weisheit, die in buddhistischen Ländern schon lange gilt.

Bei einem Ritual mit Freundinnen entstand Streit darüber, welches Element zu welcher Himmelsrichtung gehöre. „Bei den amerikanischen Hexen steht im Osten die Luft", meinte eine. „Aber ich habe immer mit Indianern gefeiert, und da ist alles ganz anders", sagte eine andere. „Süden und Feuer – nie und nimmer." Hier war ein Ritual des Schnatterns und Besserwissens angebracht. Alle setzten sich mit dem Rücken zum Kreis und fingen zur gleichen Zeit an, über alles zu reden, zu dozieren, zu schreien, was sie genau und viel besser wissen und überhaupt... Es entstand ein Klangteppich aus Behauptungen, Statements, Belehrungen. Irgendwann schlich sich die Wahrnehmung dieses Geräuschpegels ein, und die Frauen begannen zu kichern. Schließlich kugelten wir uns vor Lachen auf der Erde. Ähnlich intensiv ist das Ritual des Jammerns und Lachens, bei dem gemeinsam zur gleichen Zeit losgejammert wird, bis sich das Tragische verselbständigt und komisch wird. Kaffeekränzchen und im Mittelalter die Spinnstuben hatten eine ähnliche Funktion.

Was ich festhalte, belastet mich. Festgehaltener Schmerz wird zur Krankheit, festgehaltenes Glück verwandelt sich in die Angst, das Glück zu verlieren. Wenn ich alles loslassen kann, weiß ich doch, daß es da ist, mich aber zugleich nicht belastet. Ich habe eigens für dieses Ritual des Loslassens in meinem Garten eine Steinspirale ausgelegt. Alles, was ich behüte, aber nicht unbedingt am Hals haben will, lege ich in Form von beschriebenen Zetteln unter den Stein im Inneren der Spirale oder spucke darunter. Was dort liegt, stört mich nicht beim Einschlafen, raubt mir nicht die Ruhe. Wenn ich es nicht schaffe, ein Ritual mit der Spirale zu machen, schreibe ich wenigstens am Abend vor dem Einschlafen einen Zettel: „Nicht vergessen, dir Sorgen zu machen über: ......" Dann schlafe ich sehr gut.

Alles könnte zum Ritual werden. Ritual ist Bewußtmachen von Absichten, oder wie das Kröner'sche Wörterbuch der Völkerkunde schreibt: „Eine in traditionell festgelegten Formen sich vollziehende religiöse oder magische Handlung..." Wie Weihnachten vielleicht? Das Fest der gigantischen Verschwendung, der Müllberge, der Hilflosigkeit: Was macht uns eigentlich noch glücklich?

Vor einigen Jahren habe ich mit den Kindern des Dorfes, in dem ich lebe, einen Baum im Wald geschmückt und Kerzen drauf gesteckt und angezündet. Die Eltern standen diesem heidnisch anmutenden Fest zuerst skeptisch gegenüber, wagten aber keine Einwände, weil die Kinder so begeistert waren. Als wir dann um den Baum tanzten und selbst erfundene Weihnachtslieder sangen, kamen nach und nach die Eltern dazu, streuten unauffällig Vogelfutter aus und begannen sogar zaghaft ein wenig zu singen. Ein wahres Ritual im alten Sinn!

Ein Ritual, das ich so schnell nicht vergessen werde, vermittelte mir meine Tochter. Als der See, an dem ich lebe, einmal besonders verdreckt war, fertigte ich einen wunderschönen Fetisch an und machte eine kleine Zeremonie, wobei ich den Fetisch mit guten Wünschen ins Wasser warf. Meine Tochter schaute mir dabei aufmerksam zu. Ein paar Tage später lieh sie sich meinen kostbarsten Ring aus, Gold mit Saphir, und ging damit in den See schwimmen. Irgendwie rutschte ihr der Ring vom Finger und fiel ins Wasser. Obwohl wir alle sofort suchten und das Wasser an dieser Stelle nicht tief war, blieb der Ring verschwunden. Meine Tochter wartete auf meinen Kommentar. Als ich den Mund öffnete, sagte sie: „Ich glaube, der See wollte deinen Fetisch nicht, er wollte deinen Ring."

FETISCH

Ein Playboy stürzt mit seinem kleinen Privatflugzeug im Dschungel ab. Er landet in einem Sumpf und versucht, sich schwimmend ans Ufer zu retten. Kommt ein Krokodil daher und sperrt das Maul auf. „Toller Service hier", sagt der Playboy, „sogar die Rettungsboote sind von Lacoste."

Dieser Witz kursiert in der Schule meiner Tochter, wo die Schultaschen von Chevignon sein müssen und die Klamotten von Benetton, unter Kindern, die sich nach Pausenbroten von Muttern sehnen. Fetischismus hat sich in unserer Kultur verselbständigt. Er transportiert nichts mehr oder allenfalls noch Prestigedenken. Wenn die Hausfrau von heute nur Markenfett, Markenöl, Markennudeln oder Markenkaffee auf den Tisch bringen will, hat das nichts mehr damit zu tun, daß die Marke, also der Fetisch, die Kraft auch wirklich transportiert, die er zu haben behauptet. Ganz anders in afrikanischen Kulten, wo Fetische bis heute eine Rolle spielen. Fetisch, Juju, Grigri, Vaudoun, Voodoo oder ganz einfach Medizin ist das materielle Zeichen von Macht, Zauberkraft, Heilkraft. Das ist keine leere Hülle, die aus traditionellen Gründen weiterhin durch die Geschichte geschleppt wird, sondern ein materielles Gehäuse für mächtige Energien. Fetische locken die Energie an, die sie verkörpern, was vom Fetisch Konsumartikel nicht gesagt werden kann.

Als Sothebys im Herbst 1988 den Nachlaß Andy Warhols versteigerte, erreichte eine simple Plastik-Micky-Maus einen astronomischen Preis, die für ein paar Dollar in jedem amerikanischen Kaufhaus zu haben ist. Ganz offensichtlich ging es nicht um das Material oder das dargestellte Motiv, sondern um die kultische Energie des Kunst-Müll-Produzenten Warhol.

Wenn ein Kind mit einem Steckenpferd spielt, wird sich kaum jemand daran erinnern, daß für sibirische Schamanen und Schamaninnen das Steckenpferd Reisemittel in die andere Welt darstellte und daß auf dem Steckenpferd Trancereisen in die Untere und Obere Welt, also zu den Dämonen und Göttern gemacht wurden. Für die Erwachsenen wird es, so wie die Puppe, einfach ein Spielzeug sein, mit dem das Kind „nur spielt".

Das Kind aber, ohne die sibirischen Schamanengeschichten zu kennen, reitet wirklich auf dem Pferd neuen Abenteuern entgegen, und wenn es mit der Puppe spielt, so stellt die Puppe nicht etwas dar, sondern ist wirklich die entsprechende Person. Kinder sind mit ihren Spielen sehr nah an der Wirklichkeit von Schamanen und Zauberern. „Wassilissa die Wunderschöne" aus dem russischen Märchen bekommt von der Mutter, ehe diese stirbt, eine Puppe mit magischen Kräften, die alle Arbeiten, auch so unmögliche, wie sie beispielsweise von Baba Jaga als Prüfung verlangt werden, tun kann. In „Aschenputtel" ist es ein Haselnußbäumchen, das diese magischen Kräfte hat. In „Goldfeder und Goldsternchen" ist es die eigene Spucke, die Aufträge erfüllt. Unsere Märchen sind voll von Andeutungen und Erzählungen über die Macht von Fetischen, aber wirklich lebendig ist Fetischmagie nur noch in Asien und Afrika.

Die Voodoo-Religion, oft mißverstanden und falsch interpretiert, denn sie ist eine uralte matriarchale spirituelle Philosophie (wie Luisah Teish in ihrem Buch „Jambalaya" gut beschreibt), diese Voodoo-Religion ist eine Fetisch-Religion, die ihren Ursprung im alten Dahomey, heute Volksrepublik Benin, hat. Vorurteile und Klischees haften schon an dem Wort Voodoo, aber mehr noch an den „düsteren" und „geheimnisvollen" Ritualen, die vor allem von Hollywood reichlich albern ausgeschlachtet wurden. Das Wort Voodoo kommt aus der Fon-Sprache des alten Dahomey und bedeutet „Geist" oder „Gott". Als Widerstandskultur wurde sie von den aus Afrika verschleppten SklavInnen heimlich gepflegt. Voodoo, auch vaudoun, entspricht der animistischen Tradition Westafrikas, wo sie auch juju oder grigri genannt wird. Um das zu begreifen, müssen wir auf unser mühsam erlerntes lineares Denken verzichten. Fetisch-Religion ist ein soziales, kulturelles und spirituelles Netz. Fetische sind die Verknüpfungspunkte, und auch wenn sie – vor allem die alten afrikanischen Fetische – heute als hochentwickelte Kunst gehandelt werden, sind sie doch in erster Linie Überträger von

Macht oder Anlaufstationen für höhere Energien. Je bewußter die Fetische hergestellt, je genauer Farben, Materialien und Formen eingesetzt werden, um so wirksamer sind sie. Wichtiger Bestandteil einer Zeremonie mit Fetischen ist das Opfer. Wir tun uns mit dem Opfer von lebenden Tieren allein schon in der Vorstellung schwer, haben aber andererseits kein Problem, Fleisch aus dem Supermarkt zu essen, das wir mit lebendigen Tieren nicht verbinden, obwohl diese Massenschlachtungen um vieles grausamer sind als Opferzeremonien.

Opfer an die Götter wirken ähnlich wie Fetische für die Götter: Indem die entsprechenden höheren Mächte die Opfer annehmen oder Fetische bewohnen, binden sie sich an uns Menschen und sind uns daher auch verpflichtet. Wer etwas von mir gegessen hat, wird Teil von mir und ist mir etwas schuldig. Dieser Gedanke steht hinter der Herstellung von Fetischen, die Götter an Menschen binden sollen. In den Mythen von schamanischen Zerstückelungen werden ähnliche Vorgänge beschrieben: Da wird sogar der angehende Schamane zerstückelt und gefressen. Später setzen die Helfergeister alle Knochen wieder zusammen, und in diesem neuen Zustand erhält der Schamane, die Schamanin die größte Kraft. Mächtige Fetische sind Steine und Knochen. Steine deshalb, weil sie uralt sind und im Gegensatz zu Menschen keine Bedürfnisse haben. Knochen, weil sie die menschliche Substanz verkörpern. In jakutischen Sprachen heißt Knochen sogar Familie, man sagt: Sie stammen vom selben Knochen.

Je nach der Art des Tieres wird ein Knochen die Kraft und Eigenschaft des entsprechenden Tieres vermitteln. Fast ebenso mächtig sind in der Magie Haare und Nägel, weil sie die spirituelle Verlängerung des Körpers darstellen. Tierhaut ruft die Tierenergie ebenso wie Krallen und Felle. Die frühesten geschichtlichen Funde sind im Grunde Fetische, Tierdarstellungen, Löwen, Bären, Rentiere, Hirsche, Stiere, aber auch Frauen-Idole. Vermutlich sollte mit diesen kleinen Kraftgegenständen die Energie der Tiere beschworen, die Kraft der Frau und Schöpferin gerufen werden.

Die katholische Kirche hat viele alte Fetischbräuche übernommen. Die Reliquienverehrung, bei der Schädel, Knochen,

Kleidungsreste und sogar Exkremente von Heiligen verehrt werden, gehört dazu, ebenso der Brauch, Heilungsbitten mit entsprechenden Votivgaben in Form von Brüsten, Händen, Füßen, Bauch oder Geschlechtsteil Nachdruck zu verleihen. Der Rosenkranz ist ein Fetisch, aber auch der tausendfach reproduzierte Jesus am Kreuz oder die Marienfigur.

Rationale Menschen können sich schlecht vorstellen, daß Substanzen wie Haut und Knochen, Blut und Spucke, Stein und Bein Kraft transportieren und übertragen können. Sie sehen in der Wirksamkeit von Fetischen hauptsächlich psychologische Ursachen, die sicher nicht ganz von der Hand zu weisen sind. In alten Kulturen, wie bei den Aboriginals in Australien, war es seit Generationen der Brauch, mit einem *pointing bone* Gericht zu halten. Wer gegen die Regeln der Gemeinschaft verstieß, wurde bestraft. Im schlimmsten Fall wurde der Knochen, bemalt, graviert und vorn angespitzt, auf ihn gezeigt. Das bedeutete ihm unausweichlich seinen Tod.

In alten Märchen und Überlieferungen unserer Kultur taucht die psychologische Wirksamkeit von Fetischen auf, zum Beispiel im Märchen von der „Gänsemagd". Die Gänsemagd begleitet die Prinzessin zu ihrem Prinzen. Die Mutter gibt der Prinzessin ein Tüchlein mit drei von ihren Blutstropfen mit. Als sie das Tüchlein beim Wassertrinken verliert, verliert sie auch die Macht.

Tatsache ist aber, daß Fetische auch wirken, wenn niemand etwas davon weiß.

Der afrikanische Gott Ogun liebt Hunde, und Ogun-Priester müssen ihrem Gott gelegentlich Hunde opfern. Der Hund einer Freundin, die in Westafrika lebt, jaulte jedesmal auf, wenn dieser Priester vorbeikam. Eines Tages wurde der Priester wütend über das Kläffen des Hundes, schnitt einen Zweig von einem Busch und richtete ihn auf den Hund. Dann ging er fort. Am Abend war der Hund tot.

Für westafrikanische Verhältnisse ist dieser Vorfall kein Wunder. Göttliche Energien können gerufen werden und kommen mit Vorliebe in Gegenstände, die ihnen seit langer Zeit traditionell zugeschrieben werden. Es verhält sich gewissermaßen wie mit den Bakterien im Steinguttopf, die die Milch sauer machen. Nimmt man immer den gleichen Topf, dann stöckelt die Milch schneller und schmeckt besser. Nimmt man für eine bestimmte Kraft immer den gleichen Fetisch, kommt sie schneller, weil ihr der Ort bekannt ist.

Die Bedeutung von Fetischen verschiebt sich zwischen den verschiedenen Kulturen immer mehr. Während wir in Europa die Naturmaterialien wiederentdecken, uns für Felle und Federn, Klauen und Holz begeistern, gilt in Afrika der Walkman, der Kassettenrecorder, die Coladose als Repräsentant wirklicher Macht, weil die Kolonialisten, die die Macht übernahmen, diese Dinge besitzen. Um die Jahrhundertwende wurden in Afrika Fetischfiguren mit Schuhen dargestellt, weil die mächtigen weißen Eroberer allesamt Schuhe trugen. Heute schieben sich die Frauen statt traditioneller Ohrpflöcke Blechbüchsen in die Ohrlöcher, statt der Kauribänder zu den Zeremonialgewändern tragen die Priesterinnen Schnüre mit Kronkorken von Bier- und Colaflaschen. Hat ein Dorfchef früher mit der Trommel seinen Willen verkündet, so steht heute ein Diener mit voll aufgedrehtem Radiorecorder – „bush blaster" – hinter ihm und verschafft ihm so die nötige Autorität.

Wenn es eine Kunst ist, einen Fetisch herzustellen, so ist die größere Kunst sicher, ihn zu beleben, die Kraft hineinzurufen. Das ist eine Zeremonie des Webens, Verknüpfens und Verflechtens. Der Fetischgegenstand wird verschiedenen höheren Energien als Versammlungsort angeboten, und wenn der Vorgang gelingt, wird der Fetisch angenommen und entwickelt sich damit zum Kraft-Platz.

Ahnen-Schreine, denen Blüten, Honig, Getreide, Milch – in Afrika auch Hühnerblut – geopfert werden, sollen die Kraft der Ahnen und Ahninnen rufen und sie mit uns verbinden. Nanndl aus Vorarlberg sagt über das Sammeln von Kräutern für Krankheiten, es habe gar keinen Sinn, in Büchern nachzuschlagen und entsprechende Kräuter abzurupfen. „Das Kraut muß wollen."

MÜTTERCHEN WEG

So nennen ostsibirische Schamanen den Weg der Trommel und der Magie. Komm nicht vom (rechten) Weg ab, warnt die Mutter Rotkäppchen. Der schmale und der breite Weg wurden auf einem Plakat der Revolutionszeit gezeigt: der schmale war mühsam und steinig, der breite bequem und schön, und natürlich war der schmale gut und der breite schlecht. Der rechte Weg muß unbequem, eng, schlecht, schlicht sein. So ist nun mal unsere Kultur. Was breit, lustvoll, schön ist, kann nicht auch noch gleichzeitig gut sein. Und da es eine Vereinbarung gibt, daß ein steiniger Weg existiert, muß es auch das Gegenteil, den breiten und bequemen Weg geben. Es gibt den rechten Weg, der soll von uns gefunden und begangen werden. Wer ihn nicht findet, hat Pech gehabt. Verfehlt das Ziel. Denn das Ziel liegt am Ende des mühsamen Weges. Soweit das Gewohnte. Wie wäre es, wenn es den rechten Weg nicht gäbe, wenn Rotkäppchen jeden Weg gehen könnte und auf jedem Weg etwas anderes finden würde. Wie wäre es, wenn alle Wege wirklich nach Rom führten und alle Ziele an allen Wegen zu erreichen wären? Der Weg ist das Ziel, sagen die Mystiker – also bemühen wir uns, den Weg wahr und wichtig zu nehmen. Wenn der Weg das Ziel ist, soviel haben wir verstanden, dann kann alles unterwegs geschehen, also müssen wir aufpassen, daß wir das Beste nicht versäumen.

Was aber, wenn es kein Ziel gibt? Was, wenn jeder Weg der rechte ist, wenn es einfach an uns selbst liegt, einen Weg zu suchen und darauf ein Weilchen zu laufen?

Wenn du gehst, dann geh, als seist du schon angekommen, sagt Hadjara, eine arabische Mystikerin. Denn wo du bist, ist alles, was du brauchst.

Was ist, wenn der Weg ein Labyrinth ist, ein Geflecht, ein Spinnennetz?

„Sie kamen an einen Kreuzweg. Die drei Brüder wußten nun nicht, in welche Richtung sie gehen sollten, und so ging der Älteste nach Norden, der Mittlere nach Osten und der Jüngste nach Süden." Jeder ging seinen Weg. Vielleicht aber hätten sie das gleiche erlebt, wenn sie geblieben wären, denn der Jüngste war der Sohn des Südens, der Älteste der Sohn des Nordens und der Mittlere der Sohn des Ostens, und wo immer sie hingehen mochten, ihren Ursprung würden sie mit sich tragen. Und jeder der drei Brüder kam schließlich auf seinem Weg zum Haus der Baba Jaga.

Ich bin der Weg, sagt Jesus, der Schamane der Christen. Kann ein Mensch der Weg sein? Ist ein Weg immer zwingend eine Bahn, in der wir uns bewegen, um irgendwo anzukommen? Oft sagen Frauen, denen ich begegne: „Ich suche meinen Weg." Das würde aber auch bedeuten, daß sie zu dem Zeitpunkt, an dem sie einen Weg suchen, keinen Weg gehen. Dabei ist es doch sehr oft so, daß Menschen, auch ohne sich zu entscheiden, stillschweigend bestimmte Dinge tun und andere lassen und allein dadurch schon einen Weg einschlagen. Als Weg wird es aber oft erst erkannt, wenn spektakuläre Entscheidungen, Trennungen, Veränderungen anstehen und auch durchgezogen werden.

Ich weiß, ich muß unbedingt dies und das tun, sagt eine Frau und tut etwas ganz anderes. Ist ihr Weg dann nicht der, den sie schon geht? Auch wenn sie müßte, sie tut doch etwas anderes, und das ist eben gerade der Weg, den sie geht.

Wenn der Weg nun ein Hologramm wäre: Je mehr Seitenadern und Hauptstraßen wir davon kennen, um so klarer wird das Bild der Gesamtkarte, je öfter wir uns verirren und wieder zurechtfinden, je weit verzweigter wir forschen, desto schärfer wird das Bild der Landschaft. Obwohl der eine Teil des Wegs weit entfernt vom anderen scheint, erhellt er doch das Gesamtbild. Wir sind vernetzt, und wir gehen vernetzt. So gern es die herrschende Wissenschaft hätte: Den linearen Weg mit dem Ziel gibt es nicht.

Um zu meinem Lieblingsplatz im Gebirge zu kommen, fahre ich immer denselben Weg. Ich fahre ihn oft und kenne ihn gut. Eines Tages fahre ich diesen Weg, aber da, wo ich sonst geradeaus fahre, biege ich links ab. Ich merke meinen Irrtum zunächst gar nicht, merke nur, daß ich mich vom Gebirge wieder fort bewege, statt daran entlang, wie es richtig wäre. Es ist nur eine geringfügige Veränderung. Und plötzlich habe ich mich derart verfahren, daß ich überhaupt nicht mehr weiß, wo ich bin, und eine Landkarte zu Rate ziehen muß. Habe ich durch das Verfehlen des eigentlich gewünschten Weges etwas verloren?

Ich lasse vor meinem inneren Auge noch einmal den Irrweg vorbeiziehen und stelle fest, daß ich einen ganz ungewöhnlichen Initiationsweg gefahren bin, der zudem noch meine Fähigkeit, in schwierigen Situationen gut zu reagieren, testet: Ich fahre zuerst durchs „Wolfsöd", durch die Einsamkeit der Wölfin in die „Wolfsschlucht", ja, da stecke ich wirklich fest, dann komme ich zur „Steinheiler Öd", mache ein Steinorakel und erreiche schließlich das Dörfchen „Spiegel", wo ich mich selbst betrachten muß und zur Landkarte greife. Unterwegs finde ich eine Zeitung, die so verschmutzt ist, daß nur noch „Frau" und „Schutz" lesbar sind, und die Verkäuferin eines kleinen Krämerladens sagt: „Ich weiß gar nicht, heut' dreh' ich mich nur im Kreis." Ganz offensichtlich hatte ich eine Unterrichtsstunde in Sachen Weg nötig. Der kürzeste Weg ist nicht immer der schnellste. Und auf dem kürzesten erlebst du vielleicht nicht das, was dich weiterbringt.

Die klassische Göttin der Kreuzwege ist Hekate. Sie ist die Stimme im Ohr, die den Weg weist – oder verwirrt. Sie ist die Alte der griechischen Mythologie, die nicht bestechlich, nicht käuflich ist. Sie hat es nicht nötig, um die Gunst eines jungen Gottes oder Helden zu buhlen. Sie hat Wissen und Macht und spielt beides nach ihrem Willen aus. Und schließlich ist sie die Mutter der Hexen und Zauberinnen. Ihr Ursprung ist Hekau, die südsudanesische Urgöttin, deren Name „Worte der Macht" bedeutet. Die Kraft der Magie liegt darin, die Sinne so zu verwirren, daß eine andere Realität entsteht.

Ein Mann in einem Märchen, der eine reiche Frau umgebracht und ihr schließlich noch den Finger abgehackt hat, um an den kostbaren Ring zu gelangen, fährt nachts mit seiner Kutsche nach Hause. An einem düsteren Kreuzweg zwischen Wald und freiem Feld steht eine Gestalt und winkt. Er sieht, daß es eine Frau ist, und einer Laune folgend, hält er an. Da steht die Frau, die er getötet hat, und sagt: Gib mir meinen Finger wieder. Er stirbt am

Grauen. An Herzversagen, würde es heute heißen, aber die Magie der Hekate ist noch wirksam wie zu alten Zeiten.

Im Alpenraum wacht die Percht über die Kreuzwege, über das Netz der Wege zwischen den Welten. Wenn du Angst hast, ruf sie. Dann geht sie neben dir und hilft dir, nimmt dir deine Angst, macht dich wild und munter („wildgewordene Hausfrauen" sind ihr am liebsten!). Im Gegensatz zu den traditionellen, etwas langweiligen Schutzengeln, die einfach nur beschützen, macht sie dich radikal lebendig und regt dich zu aufregenden Aktionen an. Denn die ALTE hat keine Angst vor Konventionen, sie fürchtet sich nicht davor, verlacht, verspottet, ausgeschlossen zu werden, denn das ist sie in unserer Gesellschaft ohnehin. Sie ist endlich frei und kann ausleben, was sie will. Die Kraft der Alten am Kreuzweg ist von jeher gefürchtet. Im Süden tragen die Alten die Farbe der Macht: Schwarz. Schwarz ist die Farbe, die alles in sich aufsaugt und bewahrt, wie die schwarzen Löcher im Kosmos. Ein Großteil der Materie um uns her ist schwarz und nicht sichtbar, das meiste spielt sich in diesem Bereich ab. Die Alte am Kreuzweg ist die Hüterin des schwarzen Wissens, der schwarzen Materie, nicht im moralischen Sinn. Sie weiß um das Nicht-Sichtbare, um die Wirkung des Nicht-Spürbaren.

In unserer Geschichte waren immer die Eroberer die mächtigsten, die Wege und Straßen gebaut haben. Von den Römern bis zu Hitler bedeuteten Wege immer Macht. Aber auch im spirituellen Bereich ist der Weg Macht.

Da die meisten Menschen den Überblick über ihre eigenen Wege verloren haben, folgen sie denen, die einen Weg anbieten. Es gibt viele spirituelle und okkulte Wege, die ganze Karawanen von Menschen anziehen. Den Wegezoll verlangen die Gurus. Sie sitzen am Kreuzweg, teilen Entscheidungen zu und kassieren die Gebühr dafür. Es ist nie wirklich dein eigener Weg, den du dann gehst. Du bewegst dich im Netz eines großen Imperiums, und an jedem Kreuzweg sitzt ein Hüter, so wie wir es von Mautstellen und italienischen Autobahnstationen gewohnt sind, der dir klarmacht, daß dein Weg mittlerweile so verwildert, überwuchert, unsicher, gefährlich geworden ist, daß du besser im bekannten Gefüge bleibst und dafür ein wenig bezahlst. Und womöglich bezahlst du die „Sicherheit" mit deinem Leben.

Das Begehen oder Befahren kleiner unbekannter, wilder Wege macht selbst das Leben in Mitteleuropa noch zu einem Abenteuer. Das Begehen deines eigenen Wegs ist nicht weniger aufregend. Und daß du selbst einen Weg wählst, ist wichtiger als der Weg, den du letztlich gehst. Denn jede eigene Entscheidung macht dich ein Stück erwachsener und freier.

Entsprechend der alten Hekate als Wegweiserin sitzt auch die Eule (oder der Kauz) am Wegrand. Die Eule verkörpert Weisheit, Nacht-sichtigkeit und schier unglaubliche Präzision im Ergreifen der Beute.

Der Weg der diesseitigen Welt überschneidet sich stets und vielfach mit dem Weg der jenseitigen Welt, und manchmal werden viele Wege gleichzeitig sichtbar. Sibirische SchamanInnen verließen den diesseitigen Weg mit einem Holzpferd, aus dem unser Steckenpferd geworden ist. Sie ritten auf ihrem magischen Pferd auf den Pfad der anderen Welt, wo sie die Antworten auf irdische Fragen fanden. Ein anderes Transportmittel zu jenseitigen Wegen, das wichtigste vielleicht, ist die Trommel. Die Trommel öffnet Wege, sie wird zum Weg, und in Trance gleitet die Schamanin auf den Weg in die obere oder untere Welt, heraus aus der Enge der mittleren Welt, in der die Körper leben und in der kein wirkliches Sehen und Reisen möglich ist.

Fast alle Initiationsmärchen, in denen Helden ihre überirdischen Prinzessinnen verlieren, aus Dummheit oder Gedankenlosigkeit, beschreiben die Wiederfindung als Weg. Wenn Wissen gewonnen wird, muß dazu meist ein schwieriger Weg gegangen werden. Um die Feenprinzessin zu finden, muß ein Mensch drei paar eiserne Schuhe zu Staub wandern (und drei eiserne Stöcke noch dazu). Immer wieder wird er von einer Alten weitergeschickt zur nächsten. Der Initiationsweg wird oft in Wegstrecken angegeben. (Eine Werst von hier wohnt meine Muhme, die hilft dir weiter. Oder: Geh immer nach Osten, dann kommst du zu einem Häuschen.) Manchmal wird der Weg durch herausragende Merkmale beschrieben: „So kommst du an den gläsernen Berg, auf diesen steige hinauf...“

Viele Märchen, die einen Prinzen testen, ob er der Prinzessin überhaupt würdig ist, beschreiben, wie der Held sich verirrt und einer alten Frau dienen muß, damit er wieder nach Hause findet, denn die Alte weiß selbstverständlich nicht nur den Weg, sondern auch den Grund, warum dieser Weg gegangen werden muß (z.B. Die Gänsehirtin am Brunnen). In Märchen sind die HüterInnen des Weges fast ausschließlich jenseitige Wesen, und nicht selten klärt sich zum Schluß auf, daß der verwirrende und gefährliche Irrweg in unmittelbarer Nähe des eigenen Heims lag. Auf dieses Phänomen spielt der Mythos von Avalon an: Ein und derselbe Weg führt zum weltlichen Kloster und zum überirdischen Initiationsort der weisen Frauen, doch es gibt auch noch andere Welten, alle zu erreichen über diesen einen Weg und den richtigen Code, zum Beispiel zum kleinen Volk, zu den unsterblichen Wilden. Das würde in unserer modernen Anschauung bedeuten, daß alles vom Mittelpunkt der Vernetzung abhängt. Der Code, den du eingibst, den dein Gehirn entwickelt, entscheidet über den Weg oder Irrweg oder vielmehr über die Schicht des Weges, auf der du reist. Denn mit der von dir gewählten Erfahrungseinheit laufen zugleich alle anderen Möglichkeiten mit, die du aber nicht wahrnimmst. So gesehen gleicht der Mythos vom Weg einem Computer, in dem alles eingespeichert ist, und nur der Code entscheidet über den gegenwärtigen Informationsfluß. So gesehen ist jeder Weg überlagert und unterlagert von unzähligen anderen Weg-Möglichkeiten; wie in einem Spinnennetz wirst du immer dort ankommen, wo sich etwas gefangen hat (wo etwas lauert auf dich). Die wirklich interessante Frage dabei ist: Wanderst du auf einnem – den Weg-Möglichkeiten überlagertem – Netz und bist somit die Spinne, oder bist du in einem Netz gefangen, das dir Wege und Alternativen vorgaukelt, in Wirklichkeit aber damit nur vertuscht, daß du dich als Opfer gefangen hast. Die Spinne ist die Hüterin der Öffnungen, der Wege, der Ein- und Ausgänge. Im Herbst kannst du das beobachten. Da zieht sie ihre Fäden überall da, wo Durchgangsverkehr ist. Du mußt die Augen offen halten, um ihre feinen Fäden zu entdecken. In einem fremden Land, wo alle Wege unbekannt sind, ist es leicht, Wegelagerern in die Hände zu fallen. Wegkundige wie Taxifahrer, Einheimische, Händler usw. können die rettende Information geben, aber auch zur Gefahr werden. Die Gefahr liegt nicht darin, daß sie nichts wissen. Sie wissen, zumindest auf diesem Abschnitt deines

Weges, sogar sehr genau Bescheid. Die Gefahr ist, daß sie deine Unwissenheit ausnützen, dich deiner Kraft, deines Hab und Guts berauben können. So ist es auch mit den spirituellen Wegelagerern. Die Gefahr bei ihnen ist ebenfalls, daß sie ein wenig über den Weg wissen, den du gerade gehen willst. Wenn du Glück hast, bringen sie dich sogar zu deinem möglichen Ziel. Aber vielleicht hast du Pech, dann rauben sie dich aus, verwirren deine Sinne, führen dich in die Irre und lassen dich dann dort allein, nachdem sie dir alles genommen haben, was zu holen ist. Vielleicht hast du Pech, und der Weg bringt dich nicht weiter. Wenn du also unbekannte Wege gehen willst, eigne dir die Fähigkeiten der Wegkundigen an: Sei scharfsichtig wie die Eule, beobachte aus dem Hintergrund wie die Hüterin der Kreuzwege, entscheide nach deinem Gefühl und nicht nach der stärksten Beeinflussung. Und sei dir klar darüber, daß das Ziel des Weges du selbst bist.

MÜTTER DER SCHAMANINNEN AUS ALTEN ZEITEN

Geierahnin

Im Hintergrund meiner Kindheit tauchte immer wieder eine Geschichte auf, die meine Phantasie bis heute beschäftigt: die Sage von der Geierwalli.

Da ging es um einen reichen Bergbauern, der eine einzige Tochter hatte, die Walli. Sie wollte sich nicht mit einem reichen jungen Bauernsohn verheiraten, denn sie liebte einen armen Kerl. Außerdem trieb sie sich Jahr und Tag oben auf den Bergen herum, wo die Geier leben. Sie hatte auch eine alte Wabn, eine Großmutter, die sie in ihrem Lebensstil unterstützte. Die Geschichte endet wohl so, daß der Vater die Tochter aus dem Haus jagt und daß Walli mit der alten Wabn zu den Geiern geht. Zumindest ist das meine Erinnerung an die Geschichte, und sie ist nicht ganz unschuldig daran, daß ich meine Tochter Walli genannt habe. Mittlerweile sind bei uns im Alpenraum, vermutlich in ganz Mitteleuropa, die Geier fast ausgestorben. Sie sind uralte Mythentiere. In den matriarchalen Siedlungen Anatoliens ist die Göttin jeweils von Geiern flankiert, zuweilen ist sie selbst mit einem Geierkopf dargestellt. Die Geier repräsentierten in der ganzen Frühgeschichte des Abend- und Morgenlandes die Mutter, den Mutterschoß, da sie die Toten auffraßen. In der Cucuteni-Kultur des alten Europa war die Vogelgöttin zusammen mit der Schlangengöttin das früheste Idol, wie Marija Gimbutas in ihrem Buch „Gods and Goddesses of Old Europe" schreibt.

Die Vogel-Frau taucht in der frühen Donaukultur von Lepenski Vir ebenso auf wie in Kreta, Ägypten, Syrien, Persien, Mesopotamien. Sie repräsentiert als Ur-Göttin den Flug der Seele durch ihre Schwingen, die unendliche Kreativität durch das Ei und Tod und Wiedergeburt durch das Auffressen der Toten.

Dana, die keltische Geier- oder Adlergöttin, sitzt an der

Schwelle zwischen Leben und Tod. Sie wird als Vogel mit Frauenkopf dargestellt (Museum von Metz). In Gallien taucht diese Geiergöttin als Nantosuelta auf, geflügelte Frau, Hüterin der Toten.

So gesehen ist „Hol dich doch der Geier" ein wirklich frommer Wunsch: Geh doch zurück zur Göttin, in den Schoß der Ur-Frau.

In dem Märchen „Der Zauberarzt Makanaholo" aus Südamerika verliebt sich der Held während eines magischen Initiationsprozesses in die Tochter des Königsgeiers. Er bittet sie, seine Frau zu werden, und sie verwandelt sich für ihn in eine junge Frau. Da sie aber Sehnsucht nach ihren Geierverwandten hat, fliegt sie zum Himmel, um diese zu besuchen. Der junge Zauberer muß nun allerlei Prüfungen bestehen, um seine Frau wiederzusehen. Schließlich muß er allein auf die Erde zurückkehren, ausgestattet mit dem Wissen der Vögel und Mais aus dem Himmel, den er dann in die Erde pflanzt. Es heißt, daß die Königsgeier ihr Federkleid an Bergseen ablegen und dort in Gestalt junger Frauen baden. Diese Geierfrauen verbinden sich zwar gelegentlich mit Menschen, aber niemand kann sie besitzen oder festhalten. Selbst der Besitz ihres Federkleids kann sie nur zeitweise an die Menschenwelt fesseln. Mit Geierfedern können Geierahninnen gerufen werden.

Der Vogel Greif entspricht dem Geier ebenso wie die alpenländische Habergeiß, die geflügelte Schlange der Mayas oder die Drachen der Babylonier und Chaldäer. Die furchterregenden fliegenden Raub- und Aasvögel werden in allen Kulturen der weiblichen Kraft zugeordnet, und es sind die Geierinnen, mit denen die Menschen Kontakt aufnehmen, nicht die gelegentlich in den Mythen auftauchenden Geier-Könige. IxChel ist die Maya-Göttin der Adler-Clans. Auf ihre Geierinnen-Funktion deutet hin, daß sie den Lebensfaden trennt und heilende Kräfte hat. Sie durchtrennt verwirrende Gedankenfäden, die uns daran hindern, in Bewegung zu kommen.

Es braucht viel Kraft und innere Ausgewogenheit, die Geierin zu rufen. Sie spielt nicht mit den Menschenfrauen. Wenn wir sie rufen, müssen wir uns sehr klar darüber sein, was wir von ihr wollen. Im sibirischen Schamanismus ist sie eine der mächtigsten Schamanenmütter, zusammen mit Bärin und Rentier.

Wenn du die Geierin rufst, sei dir klar darüber, daß sie dir die Orte in dir zeigt, wo du abstirbst oder schon abgestorben bist. Geier töten nicht, sie räumen auf. Geier-Energie in dir räumt dich auf, macht dich klar, bringt dich an die Punkte, wo du nicht lebst. Wenn du für deine Kontaktaufnahme keine Geierfedern hast, kannst du dir ein Bild malen, das mit Geiern zu tun hat. Aber vielleicht ist es für dich auch gar nicht der Zeitpunkt, die Geierin zu rufen. Vielleicht brauchst du die

Bär-Mutter

Auf der schwäbischen Alb wurde vor Jahren die Bärenhöhle entdeckt: eine Kulthöhle wie ein Uterus mit einem Altartisch in der Tiefe und einem Felsloch, durch das Licht einfällt. In dieser Bärenhöhle wurden Hunderte von Höhlenbärenschädel und Kultklingen entdeckt. Das Bärentier ist eines der ältesten kultisch verehrten Tiere. Es ist aber nicht einfach DER BÄR, der verehrt wird, sondern DIE BÄRMUTTER. Die Bärmutter tritt auf als Schamanenmutter bei jenen sibirischen Schamanen, die einmal sehr mächtig sein werden. Steht die Geierin für Kraft aus der Luft, so verkörpert die Bärin die Kraft der Erde, der Höhle, genau gesagt: der Ge-Bärmutter. Die Verbindung Gebärmutter-Bärmutter hat sich im Alpenraum bis heute gehalten und ist uralt. Einerseits verkörpert die Bärin die Mütterlichkeit schlechthin. Sie sorgt für ihre Jungen, hat ein weiches Fell, einen großen zuverlässigen, starken Körper und ist eine ausgesprochen zärtliche Tiermutter. Andererseits verkörpert sie die Fruchtbarkeit und Kraft, sie initiiert in die Macht der Erde, in die Tiefe der Höhlen, denn dort lebt sie.

In alten Zeiten stellte man sich die Gebärmutter der Frau als ein Tier vor, die Bärmutter eben. Sie saß im Bauch der Frau, war einmal weich und zart, einmal wild und reißend. Sie wurde mit Sprüchlein besänftigt und besprochen: „Bärmutter, laß dein Grimmen sein. Ein Hirsebrei, ein schwarz Stück Brot, ein rot Glas Wein, das soll dir für die Schmerzen sein." Die Taubnessel galt als Lieblingskraut der Bärmutter, mit der sie besänftigt und gelockt wurde. Die Blüten der Taubnessel sind honigsüß!

Die Kelten verehrten die Bärin in der Göttin Artio. Der Ort der Bärin ist der Norden, dort wo ein dunkler Feuerkreis vom Nordwind umweht wird, wo die Sonne nicht aufsteht am Morgen und in menschenleeren Gegenden nur Bären und Trolle hausen. In dem Eskimomärchen „Der seltsame Knabe" muß der junge Held weit in den Norden wandern, um seine Liebste zu finden. Sie wird von einem weißen und einem roten Bären bewacht. Im sibirischen Märchen „Vom Manne, der die Eisbären besuchte" begegnet der Held einer Bärin, die ihn herausfordert und prüft, ehe er geläutert und nunmehr zauberkundig wieder zurückkehren kann. In vielen Märchen sind die Helden oder Heldinnen in Bärenfell gekleidet und damit getarnt oder in Bären verwandelt, die nur durch das Bestehen von schwierigen Prüfungen erlöst werden können. In der sibirischen Erzählung „Eine Unterweltsfahrt" lockt die Göttin den Jäger als Bärin tief und tiefer in den Wald. Sie deutet ihm damit an, daß er sterben muß, und kurz darauf erliegt er einer Krankheit. Die Bärin ist hier die Hüterin des Totenreiches und stellt die Verbindung zur materiellen, zur Menschen-Welt her. Bären tauchen in den Mythen als Wächtertiere, als Helfer, als Prüfende auf. Sie wecken das Zauberische und zugleich das Erbarmen in den auserwählten Menschen. Wird eine magische Bärin getötet, so geht es dem Helden schlecht.

Im Himmel fand die Verehrung der Bärin ihre Entsprechung im Sternbild der Bärin, später großer Bär oder auch großer Wagen. In russischen Märchen taucht die Bärin oft als Zieh-Mutter, als Pflegemutter von künftigen zauberkundigen Menschen auf. Gute Orte für Begegnungen mit einer Bär-Mutter sind Höhlen. Die Zeit, sie zu rufen, ist Herbst und Winter. Willst du die Bärin nicht rufen, so brauchst du vielleicht die Kraft der

Katzengöttin

So beliebt die Katze als Haustier ist, so verrufen ist sie in der christlichen Mythentradition. Erika Wissenlinck versäumt nie, bei ihren Vorträgen zu erwähnen, daß ihre Katze ihr aufgetragen habe zu sagen: „Bei den Hexenverbrennungen sind fast ebenso viele Katzen wie Frauen (oder „Hexen") verbrannt worden." Tatsächlich galt die Katze als Helfergeist der weisen Frauen, als Schutz-Wesen, als Verbündete – und war/ist es vermutlich auch. Ein spanisches Sprichwort sagt: Frauen sind wie Katzen, wenn man sie ruft, kommen sie nicht, und wenn man sie nicht will, kommen sie. Katzen sind höchst eigenständig, kaum je dressierbar, und so zart und anschmiegsam sie sein mögen, sind sie doch Raubtiere mit scharfem Blick und ebenso scharfen Krallen. Ihre Bewegungen sind geschmeidig, sie sind träge, lustvoll, wach, schnell, geil, gierig und lasziv. Die ägyptische Katzengöttin Bast galt als Symbol der körperlichen Liebe (vor allem zwischen Frauen), der ungezügelten Lust, der sinnlichen Genüsse. Bast-Feste waren genußvolle Orgien für Haut, Mund, Magen und Muschel. Die Katze verkörpert das Feuer, die elektrische Energie des Körpers, Leidenschaft. In Märchen ist sie oft eine Hexe, die Katzengestalt angenommen hat. Die Katze ist das Begleittier von Freya, Frau Holle und auch von der Percht. Sie ist Helferwesen und Schutztier der Magierinnen und verkörpert auch das Wissen der Unterwelt. Die Hexe ist die Hüterin des Feuers, und so steht die Katze mit Feuer und glühenden Kohlen in Verbindung. Sie ist auch das Begleittier der Baba Jaga und Seelentier (im russischen Märchen „Der Wunderschlitten"). Alle afrikanischen Kulte verehren die Raubkatze als mächtigste magische Potenz. Krallen von Raubkatzen schützen nicht nur, sondern geben auch Zauberkraft. Der schamanische Brauch, durch das Fell einer Raubkatze ihre Gestalt anzunehmen, findet in den Pelzmänteln der reichen Frauen seine pervertierteste Form.

Wenn du die Katzenenergie in dir wecken willst, legst du dir am besten eine Katze zu. Von ihr kannst du lernen, deine Sinnlichkeit unzensiert zu leben, frei zu sein, niemandem etwas zu schulden (die Katze ist einfach da, wird gestreichelt und gefüttert und arbeitet nicht dafür, ein echter Lernprozeß für Frauen). Du kannst das Genießen, Jagen und Rauben von ihr lernen. Und wenn sie so eine Katze ist wie meine, kann sie dir sogar Orakel machen. (Meine springt beim Kartenlegen in die Karten und wischt mit der Pfote eine Karte aus dem Haufen.) Katzen entschuldigen sich nicht, laufen einfach weg, wenn sie Lust dazu haben, und lassen sich stundenlang streicheln, ohne sich deshalb zu irgend etwas verpflichtet zu fühlen. Und Katzen haben sehr gute Augen. Eine wirkliche Anregung! Sollte dir diese Energie zu sinnlich und feurig sein, so ist vielleicht die

Wasserfrau

die richtige Schutzgöttin für dich. In allen Kulturen findet sich die Wasserfrau: als Mami Wata in Westafrika, als Delphinfrau in Südamerika, als Nixe und Seejungfrau in Europa. Je nach Erscheinungsform lebt die Wasserfrau als Delphin oder Wal im Meer, als Fischfrau in Bächen und Seen oder gar als Sedna, die Unterweltsgöttin, in der Tiefe der Meere, wo sie in einem Kessel alles kocht, was es auf der mittleren Welt, also unserer Welt gibt. Schamanen der Eskimo und der sibirischen Küstenstämme müssen bei Sedna in der Tiefe der Meere eingeweiht werden, ehe sie magische Kräfte erlangen. Wie die Geierin, die Bärin und die Katze stellt sich die Meerfrau, die Delphinfrau gelegentlich als Ziehmutter für Menschen zur Verfügung. Auch sie steigt gelegentlich in die Menschenwelt, um zu helfen, zu schützen Und zu lehren. Sie ist in Ninive, der Stadt der Fische, ebenso präsent wie in den Küstenstädten Südamerikas und Afrikas.

Wir alle kennen die tragische Erzählung von der kleinen Seejungfrau, die sich in einen Prinzen verliebt und für ihn ihre Unsterblichkeit, das Paradies in der Tiefe der Meere, die Meer-Großmutter und all ihre Schwestern aufgibt. Es wird Zeit, daß wir Frauen uns mit den Seejungfrauen verbünden, dann werden sie ihre Unsterblichkeit nicht verlieren, wir aber können ihr Wissen erfahren und zu ihnen hinuntertauchen.

Tiamat, die Urmutter der Meere, Delphinfrau und Schöpfungsgöttin, ist die Urahnin aller Meerfrauen. Sie alle lieben, wie Loreley vom Rhein und die schöne Lau vom schwäbischen Blautopf, Gesang und Tanz. Wer die Fischfrau, die Delphinfrau rufen will, sollte Töne haben und sich tief unters Wasser der Seele sinken lassen.

SPINNERIN

Da liegt das Zaubergarn, in einem hübschen Knäuel, kaum zu glauben, es liegt da und wartet darauf, von dir aufgehoben und versponnen zu werden. Du hebst es auf und fängst an, spinnst hierhin, dorthin, bunte Muster, neue Bilder, alte Erinnerung. Dann kommt jemand und sagt: „Sag mal, spinnst du?" Der Traum bricht, das Knäuel wird dünner und dünner, trägt nichts mehr, die Bilder verschwimmen, das Gewebe ist so zart, daß es hinter den klaren Worten des Zweifels brüchig in sich zusammenfällt, wo ist es? Wo ist das Zaubergarn? Warum habe ich es verloren? Und jemand sagt: „Siehst du, das ist alles Quatsch. Versponnener Unsinn, das ist nicht real, nicht rational." Eines Tages liegt es wieder da. Zaubergarn, fein, glatt, zart. Du nimmst es auf, fängst behutsam an, ein Muster zu wirken, freust dich daran, hütest es vor den Blicken und Kommentaren der anderen und spinnst.

Dann siehst du es deutlicher, bunter, fester. Du gibst dich deinem Faden hin, er trägt dich, du hängst an deinem eigenen gesponnenen Faden in der Luft, läßt dich schaukeln, vom Wind tragen, von der Sonne wärmen, läßt dich von deiner Phantasie davontragen. Irgendwann schreibst du es auf, malst ein Bild davon, feierst ein Fest – und jetzt wird der Faden sichtbar, spürbar auch für andere. „Sie spinnt, aber schön", sagt jemand.

Schau das Gewebe, das die Spinne sich spinnt. Ihre Nahrung fängt sich darin, und am Ende ihres Lebens spinnt sie sich selbst ganz ein. Sie läßt sich in ihren Faden fallen. Hauchzart und doch fest ist er. An wenigen Stellen befestigt sie ihr Gewebe, da, wo sie Verbindung zu ihrer Umwelt aufnimmt, zu einer Decke, einer Wand, einem Balken.

Sie spinnt, und es macht Sinn. Sie spinnt, und es ist richtig, daß sie spinnt. Sie spinnt, deshalb kann sie leben.

Spinnenfrau ist die Schöpferin vieler indianischer Stämme. Spinnenfrau träumt mein Leben.

Die Spinnerin zieht nachts durch Wälder und Berge. Sie hilft den Menschen. Sie holt auch die Seelen der Toten. Die große Mutter Spinnerin in den Bergen, den unteren Himmeln, wacht über das Leben der Menschen, überprüft ihre Gewebe. Ihr Spinnen und Wirken. Manchmal hat die Spinnerin zwei Schwestern. Die drei Schicksalsschwestern, die drei Nornen, die Spinnerinnen des Lebensfadens stehen an der Wiege eines jeden Neugeborenen. Die weiße gibt Geschenke, die schwarze gibt den Zeitpunkt des Todes, die rote verbindet Anfang und Ende. Zusammen spinnen sie den Faden des Lebens und tragen die Menschen in ihrem Gewebe.

Maya, die indische Ur-Göttin, spinnt die Illusion, aus der die Welt entsteht. Traumgespinst ist das Herz der Wirklichkeit. Ohne Träume verlieren wir die Realität, denn die Realität ist, was wir erkennen. Und wir erkennen, was wir erträumt haben. Je mehr wir in der Lage sind zu spinnen, um so mehr erweitert sich die Palette der Möglichkeiten dessen, was wir erleben könnten. Weil wir Traumbilder in uns er-sponnen haben, erkennen wir sie wieder, wenn wir etwas davon in der materiellen Wirklichkeit sehen oder erahnen. Was wir erträumen, werden wir irgendwann zu verwirklichen suchen.

Die gleichmäßige Bewegung der Spindel beim Spinnen galt als Symbol unabänderlicher Gesetzmäßigkeiten, deshalb wurde die Spindel in vielen Mythen (Ägypten, Griechenland, Germanien z.B.) mit dem Mond verbunden und das Spinnen mit der Mondgöttin. Neith oder Nuth, die ägyptische Göttin des Himmels und der Nacht, auch des Mondes, war auch Schutzgöttin der Weberei. Die Spindel wurde zum Symbol des Wirkens der Göttin. Web-Gewichte und Spinn-Steine mit Gravuren und Bemalungen gehören zu den frühesten Funden unserer Erde. Oft wurde die Natur in antiken philosophischen Vorstellungen mit einem Gewebe verglichen (Philon: „das schöne Gewebe Gottes"). Interessant ist auch, daß Maria, die Mutter Gottes, in einem sehr frühen Jakobsevangelium eine der sieben Tempeljungfrauen war, die den Purpur für einen Tempelvorhang spann. Man findet sogar heute noch vereinzelt Mariendarstellungen von Maria mit der Spindel. Sicher wurde Maria aber auch mit der Spindel dargestellt, weil die Urgöttin, die göttliche Spinnerin, eine mächtige Göttin war und von den Frauen nicht aufgegeben wurde. Im germanischen Matronenkult tauchen die Spindel und das Spinnen ebenso auf wie bei den Parzen, den Nornen oder den Walküren. Spannend ist dabei, daß es sich bei allen mythischen Spinnerinnen auch um Göttinnen des Kampfes und um göttliche Hebammen handelt. Die Walküren holten die toten Helden zu sich, die Matronen webten das Gewebe des Lebens und wurden oft mit Kindern und Windeln dargestellt. Wer glaubt, hinter den Spinnerinnen verbergen sich biedere Hausweiblein, die ihre Familien hüten, wird in allen Spinnerinnen-Mythen eines besseren belehrt: Die Spinnerin ist die Nachtwandlerin, sie streunt durch die nächtlichen Wälder und Gebirge, hütet die toten Seelen wie die lebenden, webt das Muster des Lebens und trennt es wieder auf. In all diesen Mythen kommt eines klar zum Ausdruck: Die männlichen Helden brauchen die Spinnerin, die spinnende, webende, beschützende Mutter, Schwester oder Göttin, um leben zu können. Die verwünschten Schwäne können nur von ihrer Schwester erlöst werden, die Nesselhemden weben muß, ohne zu sprechen, damit sie ihre menschliche Gestalt wiedererlangen können. Der Zauber besteht im Überwerfen eines „kleinen, weißseidenen Hemdchens". Was ist aber das Wort Hemd anderes als das germanische hamr – Gestalt, Seele, Schutzgeist, Haut, Hülle, Kleidung? Dieses Wort gehört auch zum Begriff hamast, die Hülle wechseln, sich verwandeln, und viele Mythen beschreiben die Verwandlung durch das Anziehen, Überstülpen eines Hemdes oder Kleides. Wenn all diese Begriffe im Wort Hemd vereint sind, verwundert es nicht, daß das Weben eine so wichtige magische Tätigkeit ist, denn alles kann in Gewebe gelegt werden, das Haut, Hülle, Schutzschicht, Gestalt, Seele und Schutzgeist zugleich sein wird.

In Sibirien gibt es einen Schöpfungsmythos, der beschreibt, wie ein Rabenvogel „das erste Wesen auf der Welt" ist. Um sich fortpflanzen zu können, ruft er die Spinnenfrau, die sich an einem Faden herabläßt und vier Töchter (!) gebiert. Interessant finde ich hier, daß sich der Rabe als einziges Wesen weiß, und die Spinne dennoch da ist — womöglich vor ihm da war – und ihm weiterhelfen kann. Und, wie es bei manchen Spinnen

Brauch ist, auf parthenogenetische Weise ihre Töchter gebiert, denn wäre sonst nicht der eine oder andere Rabensohn dabeigewesen?

In einem Däumlingsmärchen wird der Däumling aus feingesponnener Wolle geboren, ein Hinweis darauf, daß er ein Zaubergebilde der schöpferischen Phantasie ist. Denn nicht alle menschlichen Wesen können spinnen. Wer sich aber mit den göttlichen Spinnerinnen gut stellt, wird reich belohnt. Denn ihre schöpferische Kraft reicht für mehr als Luftschlösser. Wie „Breitfuß, Breitdaum, Breitlipp" in dem Märchen „Frau Rumpentrumpen" können sie Stroh zu Gold spinnen und erretten die arme Müllerstochter, die durch die Prahlsucht ihres Vaters in eine peinliche Situation geraten ist. Die Müllerstochter wird Königin, damit sie aber nicht Gefahr läuft, dem gierigen König noch mehr Stroh zu Gold spinnen zu müssen, lädt sie die drei Spinnerinnen ein, die dem König erwartungsgemäß nicht gefallen und ihm versichern, daß ihre breiten Daumen, Füße und Lippen vom Spinnen kommen. Während wir die Müllerstochter getrost bei ihrem Königs-Bräutigam lassen wollen, denn mehr erhofft und ersehnt sie sich gar nicht, können wir davon ausgehen, daß es Frauen gibt, die von den göttlichen Spinnerinnen lernen wollen, nicht um zu heiraten und reich zu werden, sondern um Eigen-Macht zu lernen und Einfluß zu nehmen.

Große Zauberinnen weben Wünsche und Gestaltungszauber in ihre Gewebe, stricken Muster, die lebendig werden, nähen magische Mäntel und Röcke, in denen zu fliegen sie imstande sind. Schamaninnen und Zauberinnen haben ihre besonderen Tücher, Fetzenkleider und Mäntel, in denen ihre Weisheitssymbole enthalten und verwebt sind. Alte Stickereien im Alpenland enthüllen eine Reihe von Symbolen, die wir fast vergessen glaubten. Wer sich mit Stickerei beschäftigt, weiß, daß das Sticken die geheime subversive Tätigkeit der Frauen durch die Jahrtausende war und ist. Daß im Weben geheime Bilder enthüllt werden für jene, die sehen und verstehen können.

Im Islam ist es verboten, die göttliche Kraft als Mensch darzustellen, und so wirken die alten Teppiche immer abstrakt. Betrachtet man sie aber aus größerer Entfernung, enthüllen sich sehr oft Gesichter, ja sogar Frauengestalten, angedeutete Busen,

Spiralen, die die weibliche Kraft, die Brüste, Eierstöcke, Augen darstellen.

In Afrika kann man anhand der gewebten Muster erkennen, aus welcher Gegend und von welchem Stamm der Stoff ursprünglich kommt. Die Gewebe erzählen nicht nur die Geschichte, sondern auch von Tabus und religiösen Vorstellungen des entsprechenden Stammes. Ritualdecken und -tücher enthalten die Ursymbole des Kults. Geschützt wird das gewebte und gefärbte geheime Wissen dadurch, daß Unwissende es nicht verstehen und nicht deuten können.

So können uns bunte, feine Gewebe einfach nur schön erscheinen, während sie möglicherweise alle Machtsymbole eines Kults ganz offen zeigen.

Nun hat das Spinnen, Weben und Stricken ja eine sehr monotone, stets sich wiederholende Gleichförmigkeit. Somit liegt der Bezug zu ähnlichen monotonen Tätigkeiten nahe, die die Menschen in Trance fallen lassen. Gleichbleibender ruhiger Rhythmus, wie der Herzschlag – stets sich wiederholender rhythmischer Singsang, Jammern, Klagen, Sich-hin-und-her-Wiegen, Auf-und-ab-Schaukeln, eintönig Summen –, alle diese Trance-Techniken bis hin zu einsilbigen Gesängen oder langsamen Tanz- und Taumelbewegungen ähneln dem Spinnen und Weben oder Stricken. Es geht hin und her, auf und ab, wie das Leben, wie der Tag und die Nacht. Hin und her. Links und rechts. Roter Faden, blauer Faden, alles dreht sich, dreht sich, der Faden wird gedreht und gezwirbelt, und langsam, langsam entsteht ein Knäuel, ein Gewebe, ein Gewirk. Und mit dem Gewebe tauchen Geschichten auf aus der Tiefe. Die Gespenster werden verscheucht mit Erzählungen und Liedern. Nachtgespinste werden mit langen ausführlichen Erzählungen hingehalten bis zum ersten Hahnschrei, und dann bleicht die Sonne die Nebelgespinster aus, dünner und blasser werden sie, durchsichtig, kaum noch zu sehen, fort, fort, bis zur nächsten Dämmerung, wo sie erneut an die Fenster klopfen, Einlaß fordern und von der Phantasie mit immer neuen üppigen Formen und Gestalten ausgemalt werden. Denn jedes Gespenst, alle Nacht- und Traumgespinste leben von der Phantasie. Wenn du sie nicht ausmalst, bleiben sie klein und mickrig. Manchmal helfen andere mit, um ein Horrorwesen zu schöpfen. Gemeinsame Beschreibungen machen die Wesen lebendig und stark. Ebenso geht es mit den Elfen, den Feen, den guten Geistern und Schutzwesen. Je mehr Nahrung die Phantasie bereit ist zu geben, um so stärker und schöner erscheinen sie. So ist die Spindel die Durchgangspforte ins Reich des Spinnens, der Traumgespinste. Die Pforte zur anderen Ebene, auf der das Gewebe gewirkt wird, das die Welt immer wieder neu erschafft. Die Spindel ist die Eintrittskarte ins Land der Frau Holle, und wer nur fordert, wird bestraft, wer aber neugierig, zugleich mitfühlend, gut, wach, wissend, anteilnehmend ist, kommt reich beschenkt zurück. Wie sollen wird uns dieses „Reich-beschenkt-Werden" vorstellen? Es ist wie der Schatz, der auf dem Grund des Wassers oder im Berg eingeschlossen liegt, nicht unbedingt Geld und Reichtum, sondern Wissen. Das Überschreiten der Grenzen, das Wissen um die vielen Ebenen, die zum Gewebe des Universums gehören, und das Verstehen der Ur-Sprache. Denn wer bei Frau Holle war, wer das Tor zur Unterwelt durchschritten und die Prüfungen bestanden hat, die schamanischen Prüfungen, die die Hexen und Spinnenfrauen, die Percht und die Waldfee, die Dakinis und die Sirenen, die Nornen und Parzen stellen, ist gefeyt, nämlich von Feen mit einem Schutzhemd versehen und dadurch mächtig. Wer bei Frau Holle und der Spinnenfrau war, wer sich in ihrem Netz verfangen, sich ihrem Gewebe hingegeben hat und wieder daraus hervorgegangen ist, versteht die Sprache der Steine und der Bäume, spricht mit den Tieren und weiß sich umgeben von Helfern und Freunden. Wer in die Unterwelt eingetaucht ist, um das Gewebe der Erde von der anderen Seite aus zu studieren, wie es Schamaninnen und Zauberinnen in ihren Initiationsritualen tun, verliert die Angst vor dem Tode, weil Tod nur ein Verschieben der Gestalt, ein Form-Wechseln ist. Der Biß der Spinne ist zwar tödlich, vermittelt zugleich aber alles Wissen und alle Fähigkeiten. Die Kunst ist nun, zwischen dem Allwissen und dem Tod auszugleichen, sich beißen zu lassen – und die Todesfurcht zu verlieren. Sich dem tödlichen Biß hinzugeben, um neue Gestalt erlangen zu können. Denn es ist eine patriarchale, dumme Anschauung, daß Neues gewonnen werden kann, ohne Altes aufzugeben.

TÖDIN

Der Tod ist grausam. Unbegreiflich. Ungeliebt. Ungerecht. Wer stirbt, wird vergessen. Jeder Mensch muß sterben. Wer will sterben? Tote werden beweint, beklagt, verehrt, vergessen. Der Tod ist mächtig. Er ist unwiderruflich. Er ist die unerbittliche Grenze ins Jenseits. Tod ist die Mauer zwischen hier und nirgendwo. Zwischen Fülle und Leere. Tod ist das Zentrum unserer Ängste.

Alle diese bedrohlichen Todesvorstellungen haben sich in einer Kultur entwickelt, in der die Wege der Natur nicht mehr akzeptiert werden können, in der sich der Mensch die Natur untertan macht, sie zu beherrschen versucht.

Wenn alles besiegt werden kann, warum dann nicht der Tod? Wenn die Natur beschnitten, gezügelt, vergewaltigt, zerstört, begrenzt werden kann – warum nicht der Tod?

Der Tod ist der letzte und mächtigste Gegner der Eroberer. Weil wir vor dem Tod nie sicher sind, wird die Angst nicht enden. Weil wir mit uns selbst, mit unserem Körper, mit der Erde, auf der wir leben, so schlecht umgehen, wächst die Angst vor dem Tod immer mehr.

Die Überwindung des Todes ist immer schon ein erklärtes Ziel patriarchaler Philosophien und Religionen gewesen. Wenn schon sterben, dann wenigstens auferstehen.

Weil wir Todesangst haben, sind wir erpreßbar, weil wir nichts so fürchten wie den Tod, unser Leben lang darauf fixiert sind, ohne ihn jedoch zu verstehen, können wir nicht wirklich lebendig sein.

Wie jedes andere Feindbild errichtet der Tod eine Mauer zwischen uns und der anderen Ebene. Die Angst vor dem Tod schafft eine Polarität, nämlich diesseits/jenseits. Daraus könnte die Illusion entstehen, diesseits sei das Leben und jenseits der Tod. Aus der ständigen Verneinung und Verteufelung des Todes, aus der mangelnden Einsicht in die sinnvolle Funktion des Todes wird Leben zur Todesstarre. Die Beute fixiert das Raubtier und weiß, daß sie geholt wird. Sie wächst im Moment des Geraubtwerdens über sich hinaus. So kommt es, daß Sterbende plötzlich im Tod eine Würde bekommen, die sie ein Leben lang nicht entwickeln konnten. Wir könnten die Tod-Leben-Achse verdrehen, könnten sie herumwirbeln, bis die Pole nicht mehr sichtbar sind. Dann entsteht ein Bild, wie wir es in frühen Kulturen finden: Im Leben ist der Tod. Leben erfordert ein ständiges Sich-Aufgeben. Die Haut, die wir an uns fühlen, ist bereits abgestorben, während untere, lebendige Schichten nach oben drängen, an der Oberfläche verhornen und absterben. Die Schutzschicht des Körpers funktioniert, weil sie ständig stirbt. Bei der Menstruation wird zyklisch der Körper gereinigt, werden abgestorbene Zellschichten abgetragen, ausgeschwemmt, wird der Stoffwechsel entgiftet.

Im Körper gibt es viele Prozesse, die ein Sterben erfordern, damit der Organismus lebendig bleiben kann. Tiere und Pflanzen sterben, damit andere Lebewesen leben können. Gehen wir von der Verschmelzung von Leben und Tod aus: Das Lebendige bringt den Tod, damit durch diesen Tod das Leben erhalten werden kann. Das Raubtier und die Beute verschmelzen miteinander. Das Raubtier wird ein Teil der Beute, die Beute wird zum Raubtier. Im Moment des Ineinanderaufgehens liegt die Erkenntnis, daß beide ihre Energien austauschen, sich miteinander verbinden. Die Materie des einen verschmilzt mit der Materie des anderen, die Energien verfließen ineinander. Die Katze ist auch Maus, die Maus wird zur Katze.

Der Mensch, der viel Schweinefleisch ißt, entwickelt einen Schweinenacken, entwickelt die Todespanik des Mastschweins vor dem Tod, entwickelt Aggressionen, verhärtet sogar körperlich, vergiftet sich am Schmerz des gequälten Tiers.

Der Mensch ist, was er ißt, bedeutet, daß die Energie in uns eingeht, die wir physisch verschlingen. Gejagtes Wild essen, bedeutet die Jagd und das Töten auf der Jagd zu perpetuieren, bedeutet aber auch das Selbst-Gejagt-Werden. Ein Fließband-Tier zu essen, bedeutet, die Fließbandproduktion unendlich weiterzuführen und selbst wie am Fließband gehalten und verschlissen zu werden.

Wir können unmöglich über den Tod sprechen und den Bereich des Essens ausklammern, denn in unserer Kultur bedeutet Essen fast immer Massenmord, Massaker, Vernichtung. Das prägt unser Bild vom Tod, das erzeugt unsere Todesangst. Die Panik davor, sich selbst aufzugeben.

Die Ur-Göttin alter Kulturen war Hebamme ins Leben UND in den Tod. Wer starb, wurde in embryonaler Stellung in einem Gefäß beigesetzt, wie im Mutterschoß. Der Vorwurf der Inquisition gegen die Hebammen und gegen die weisen Frauen war ja auch der, daß sie sich das Recht herausnahmen, über Leben und Tod zu entscheiden, und daß sie den Tod liebevoll annehmen konnten. Sehr bald wußten die Kirchenoberen nämlich, daß ein Mensch, der keine Todesangst kennt, auch sonst kaum einzuschüchtern ist. Wenn ich nicht ständig in Panik vor meinem Ableben stehe, kann ich wohl kaum mit anderen Regeln und Gesetzen geängstigt werden. Wenn ich Tod als Geliebte annehmen kann, mich hingeben, mit der Erde verschmelzen kann und meine Energie wieder in die Energie der Erde zurücklege, wie kann mir dann ein Priester, der pathetisch die Folgen des sündhaften Sterbens ausmalt, noch Angst machen?

Den Tod zu spüren, zu wissen, wann die eigene Lebenszeit zu Ende geht, und diese Tatsache klar und ohne Pathos anzunehmen, ist eine der hervorragenden Eigenschaften der weisen Frauen. Sie wissen, daß Tod bereits mit der Geburt entsteht. Die Patin der Geburt ist Tod. Sie steht am Bett und knüpft den Faden des Lebens, sie ist die Hüterin des Lebens, die Bewacherin der Lebendigen.

Dieser Todes-Aspekt findet sich in der slowakischen „Tödin". Nach Josef Hanika ist die Tödin, die er dort in Überlieferungen und Erzählungen gefunden hat, die mütterliche Todesbringerin. Sie sitzt auf dem „Tödin-Stein", und wenn sie sich eine Wöchnerin holen will, hat sie es nicht weit, nur drei Schritte zum Dorf. In der Tödinskammer sitzt die Tödin und spinnt den goldenen Faden (und ist es nicht auch der Schicksalsfaden, der Lebensfaden, den die Parzen und Nornen spinnen?). Die Tödin wohnt im Berg. Der Berg ist im buddhistischen Glauben „der untere

Himmel", also die Verbindung vom Lebendigen zum Überirdischen. Wo die Tödin wohnt, heißt man es das „Hollenloch". Hier ist auch die Verbindung zur Holla, Hulda, Holle, zur Unterweltsgöttin, die bei uns in den Alpen Percht heißt. Auf Steinen findet man ihre Fußabdrücke, sie hat sehr große Füße. Ihre Fußabdrücke zu berühren, bringt Glück. Die Tödin wohnt in Berghöhlen, in denen ganz viele Lichter brennen. Stirbt jemand, so löscht sie ein Licht aus. Im Winter spinnt sie in ihrer Kammer im Berg lauter goldene Fäden. Manchmal findet man goldene Spulen.

Einmal soll sie auf folgende Weise ein Kind geholt haben: Eine Frau fand die Tödinskammer, sammelte dort die goldenen Fäden ein. Sie ging zwei-, dreimal, weil sie davon nicht genug kriegen konnte, und als sie die letzte Schürze voll Goldfäden hinaustrug, schloß sich die Tödinskammer, und das Kind, das sie bei sich hatte, wurde drinnen eingeschlossen. Ums Jahr saß das Kind vor der Kammer auf einem Stein mit einem roten Apfel in der Hand. Es erzählte der Mutter, daß es mit vielen Kindern gespielt hatte, die von einer schönen Frau gut versorgt wurden. Sie nannten sie Huldermutter.

Der Tödin werden viele Eigenschaften nachgesagt, die auch mit der Percht, der Lichtgöttin der Alpen, verbunden werden. Sie lebt im Berg, im Stein, hütet die toten Seelen, sagt den Menschen, wann es für sie Zeit zum Sterben ist. Sie hilft den Frauen und Kindern, holt aber auch Neugeborene (vielleicht als eine Art Geburtenkontrolle). Sie mag nicht, wenn an heiligen Tagen gewaschen oder gesponnen wird. Sie brennt die Lebenslichter an, sie spinnt den Lebensfaden, sie hilft armen und guten Menschen und straft andere. Manchmal ist sie auch in alten Apfelbäumen zu finden, in Hainbuchen oder Nußbäumen.

Auch Mitternachtstödinnen soll es gegeben haben, die an Bäumen Wache hielten und betrunkene, grobe Burschen bestraften. Die Tödin ist zwischen „Luzenabend" (13. Dezember) und Dreikönigstag umgegangen und hat ihr überirdisches Gericht gehalten. In dieser Zeit hat sie auch so manches Kind reich beschenkt. Die Attribute der Tödin aus dem slowakisch-ungarischen Raum entsprechen denen fast aller Urgöttinnen. Die Spindel und der Lebensfaden als Machtsymbol für Leben und Tod, der Apfel als göttliche Nahrung. Das Gericht und das Schenken, die Beziehung zum Licht, zu Bäumen, Steinen und Bergen. Das Umgehen in den Rauhnächten.

Die Tödin ist hier richtende, heilende, strafende und gebende Instanz. Sie bestimmt über Leben und Tod, erscheint den Sterbenden und tröstet sie. Im Grunde ist sie in der Idee des Schutzengels in unserem Kulturraum erhalten geblieben. Das zeigt aber auch, daß das Verhältnis der Lebenden zum Sterben ursprünglich ein ganz anderes war. Daß wir sterben müssen, wurde grundsätzlich akzeptiert. Interessant war nur die mythische Begegnung mit der Todesenergie. Wer sie erkannte, wer ihr begegnete, wurde bereichert und verlor die Angst vor dem Tod.

Weil der Tod als mütterliche Energie gesehen wurde, hatte er nicht die Bedrohlichkeit, die der patriarchale Sensenmann zwangsläufig bekam: Einem Gerippe, das meine Seele abmäht, kann ich mich nicht so entspannt hingeben wie einer mächtigen Frau, die mich holt, um mir neue Form und Gestalt zu geben. Deshalb gibt es auch in allen Tödin- oder Perchtenmythen den Kampf mit dem sich entwickelnden christlichen Glauben. Die Tödin wird ebenso wie die Luzia oder die Percht oder alle anderen Feen-Gestalten mit dem Kreuzeichen und der Nennung der christlichen Heldenfiguren gebannt: Die alte Zeit wird mit der neuen ausgetrieben.

Es ist aber nicht so, daß die frühe christliche Gemeinde nicht um die wichtige Todeserfahrung gewußt hätte. Gerade Jesus hat ja der Sage nach eine klassische schamanische Einweihung nach sibirischem, tibetischem, indischem oder indianischem Muster durchlebt: Leiden, Tod, Auferstehung. Dazu die Begegnung mit den mächtigen Geistern, die jeder Schamane kennen und nicht fürchten muß (die Versuchung durch den Teufel), die Wunderheilungen und die Zauberei (auf dem See gehen, Wasser zu Wein usw.). Das heißt, daß auch die Kirche auf die Einweihungszeremonien und einen starken Magier, der alle Prüfungen durchgestanden hatte, durchaus nicht verzichten konnte.

Der Tod ist das zentrale Problem für Menschen, also ist es klar, daß Heiler/innen, Magier/innen, weise Frauen und Hexen mit dem Tod Bekanntschaft machen mußten, um zu erkennen, wer sterben muß, wer zu heilen ist, um mit den Geistern und Ahnen sprechen zu können und sich mächtige Verbündete zu suchen.

HALLOWEEN – Ein Fest für meine Ahninnen

Der erste November naht, und ich beschließe, ein Fest für die Ahninnen zu machen. Ich habe keinen Eßtisch, also decke ich die Tafel mit Tischtuch auf dem Boden des „Frauen-Zimmers" (ich habe ein Zimmer nur für die Frauen, die im Lauf der Zeit in Form von Idolfiguren, Statuen, Bildern und Steinskulpturen zu mir gekommen sind, meine Tochter Walli nennt es „das Museum"). Heute wird es so sein, wie es sein soll: Für die Ahninnen wird gedeckt, und dann rufe ich sie.

Ja, wen soll ich nun rufen? Wer sind denn die Ahninnen? Die Omas sind noch einfach. Sie sind gutmütig und kommen sofort. Sie haben sich im Leben gut verstanden und sitzen nebeneinander. Kein Problem. Und dann? Die Affenfrau, deren Maske ich habe, kann ich doch nicht gut rufen. Warum nicht? Ich rufe sie. Sie ist ja sozusagen die Stammesmutter. Ich bin mir nicht ganz sicher, wie weit die Wissenschaft auf diesem Gebiet gekommen ist, aber ich rufe sie trotzdem, weil sie mir gerade so nah ist. Da sitzt sie in der Ecke, die Äffin. Hätte sie eine bestimmte Himmelsrichtung bevorzugt? Ißt sie Hirse? Mag sie die letzten Blüten meines Bauernrosenstrauchs? Und wer wird neben ihr sitzen?

Ich warte, und es klopft an die Tür. Wer ist draußen? Mach auf, dann siehst du es schon. Eine Alte, schneebedeckt, mit einem Hühnerkrallenstock und einer langen Nase. Auf dem Kopf hat sie ein Tuch, den dicken Knoten unterm Kinn, ein Umhang aus Blech und Wolle, Schuhe aus Holz. Wer bist du? frage ich sie. Huhuhu, sagt sie, eine lange Zeit ist's schon her, daß ich Menschenfleisch gerochen habe, rate mal, wer ich bin. Du bist eine, die auch Baba Jaga heißt, sage ich. Setz dich hin, wo du willst. Sie setzt sich gleich unter die Anrichte mit Tellern und Schüsseln drauf. Auch gut.

Offenbar kennen sich die Omas und die Baba, denn sie verwickeln sich sogleich in ein Gespräch, während die Tür aufgeht und eine weitere zerlumpte Gestalt eintritt. Ich bin die Wabn, sagt sie. Die Wabn von Schallenkam, und das ist nicht weit von da, wo ich lebe. Wabn ist ein alter bayerischer Ausdruck für Urahnin, Ahndl auch, die Wabn in früheren Zeiten war oft eine Alte, die Heilkräfte hatte, die Hebamme war und zu der die Menschen gekommen sind, wenn sie Sorgen oder Krankheiten hatten. Wabn, setz dich her, ich freue mich, daß du kommst, sage ich, und sie nimmt neben der Äffin Platz, weil die ihr schon so zuwinkt. Ich rufe, und zu dritt kommen diesmal die Percht, Tanna, die Steinkönigin, und Donna Kenina. Sie kommen aus den Bergen, ganz alt, die Percht, und wild anzusehen mit ihren struppigen Haaren und den Fingernägelkrallen, ihren feurig-glühenden Augen und der großmächtigen Gestalt, daneben Tanna, schmal, grau, kühl, mit Silberfäden bis zur Erde und Moosflechtenkleid, und die wunderschöne Kenina, die Zauberin der Dolomiten. Ihr Kleid ist ganz aus den Farben der Sommerwiesen, denn im Winter schläft sie, und wer ihr Bett teilt, wird niemals alt. Zu ihr singst du das Lied: „Und in dem Schneegebirge, da fließt ein Brünnlein kalt, und wer daraus getrunken, wird jung und nimmer alt. Ich hab' daraus getrunken, so manchen kühlen Trunk, ich bin nicht alt geworden, ich bin noch allzeit jung" – Donna Kenina, schön und mild und voller Sommerwärme.

Die drei lagern auf den weichen Kissen, Nüsse und Früchte werden schon herumgereicht, da kommt die Trude herein, durchs Fenster, und hui fegt sie über das Tischtuch, in ihrem Gefolge ein Ganggerl und eine Fängge, die wilden Alpendämoninnen. „Wo es wild hergeht, dürfen wir nicht fehlen", schreien sie, und die alten lachen über den Ungestüm der jungen wilden Frauen. Die Tür öffnet sich, und Holda, die Hollermutter, die Alte des Hollerstrauchs, kommt mit ihrer Freundin, der Apfelbaum-Mutter, herein. Die beiden setzen sich in eine Ecke und unterhalten sich wispernd und knisternd wie das Murmeln der dürren Blätter im Herbstwind. Ich stelle Honig und Milch auf den Tisch und öffne die Tür, weil es wieder klopft. „Seltsam", denke ich, „kaum decke ich den Tisch, kommen alle. Woher sie das wissen?" „Wir haben so lange gewartet, drum spüren wir's sofort", sagt Matteona, die vor der Tür steht. Matteona, die stolze furchterregende Bergfrau, die einst von den Sennern vertrieben, aus Holz geschnitzt wiedergerufen und geschändet worden war. Die Meisterin des Schwirrholzes und der Laute, die mit ihrer Freundin in den Bergen lebte und den Menschen, wenn sie keinen Schaden anrichteten, half und beistand. Sie war, wie alle Geister, Feen und Elfen, wie das ganze alte Volk vertrieben und vernichtet worden. Doch heute nacht sollen alle in meinem Zimmer wieder lebendig werden. „Kommt die Zigeunerin nicht?" flüstert die Äffin. „Die Zigeunerin, die in Fleck beim Sylvenstein von den Bewohnern gesteinigt und der später ein kleines Votivbild gewidmet wurde, das schießwütige Schützen zerschossen." Doch kaum fällt ihr Name, steht sie schon da, lächelt, umarmt mich und alle Ahninnen, setzt sich, nimmt ein paar Trauben und steckt sich ein Pfeifchen an – ohne lange herumzureden. In der Küche hat sich die Weidenfrau an die Zubereitung der Hexensuppe gemacht. Zwerg Nase war ihr Schüler, und sie erzählte die Geschichte einem Dichter im Traum.

„Kannst du jodeln?" fragt mich die Percht, und ich will mich schon feige verdrücken, da verrät mich meine Oma: „Freilich kann sie es, sie hat es doch von ihrer Mutter so schön gelernt." Und ich muß für die Frauen das Lied vom Kasermanndl und dem Kaserweibl und dem Ganggerl singen und jodeln, und beim Refrain fallen alle ein in den Gesang, und ein Jubeln und Heulen und Zwitschern und Brummen ist zu hören, daß einem die Ohren davon klingen.

Ein zaghaftes Kratzen ist an der Tür zu hören, und als ich sie öffne, stürzt ein Schwall Wasser herein, über die Tafel hinweg, aber seltsam, nichts wird fortgeschwemmt, nichts geht unter. Die Wasserfrau schwimmt herein. „Land in Sicht", ächzt sie, „ihr entschuldigt, daß ich in meinem Element bleibe, sonst ist an ein gemeinsames Fest nicht zu denken." „Setz dich doch ins Wasserbecken", schlägt die Äffin vor, die gerade von der Trude gelaust wird, während Ganggerl und Fängge mit der Wabn Schafkopf spielen. Es wird heiß im Zimmer, die Wasserfrau schwitzt, ich sprühe ihr Wasser über den silbrigschuppigen Körper, sie umarmt mich und küßt mich kühl und feucht. Da bringt die Weidenfrau die Suppe. Alle kosten, doch die Äffin hebt die Hand. (Meine Katze Tiga schlappt zu beiden Seiten der Wasserfrau Wasser aus dem Becken und ist offensichtlich nicht ganz einverstanden damit, daß die Wasserfrau sich in ihrem Trinkbecken breit macht.)

„Wer fehlt?" fragt die Salzburghofener Oma. „Wer fehlt denn?" fragen die andere Oma, die Baba Jaga, die Wabn, die Percht, Tanna, Donna Kenina, die Trude, die Fängge, das Ganggerl, die Hollermutter, die Apfelbaum-Mutter, die Zigeunerin, Matteona, die Weidenfrau, die Wasserfrau, Tiga die Katze und ich.

Auf fliegt die Tür, wir starren hinaus in die Vollmondnacht, wo es wild zugeht: Die Nebelgeister toben ums Haus, die Bärsianeli, das wilde Volk der alten Königin, singen hohe klagende Töne, Frau Tödin hält Hof mit Blitz und Donner, und alle Seelen schwirren umher. Gut, daß ich noch Hirse und Honig draußen aufgestellt habe, sonst ginge es mir schlecht, wenn die Seelen hungrig bleiben und uns allen beim Festmahl zuschauen müßten. Die Geierin fegt herein, eine furchterregende Gestalt mit flaumigem Körper und weiten mächtigen Schwingen. Alle begrüßen sie mit großem Hallo, und mit „holla" und „juchei" wird das Mahl eröffnet. Die Suppe der Weidenmutter wird aus Schuhen und Nußschalen geschlürft, die uns der Nußbaum großzügig herabwirft. Später gibt es köstliches Beerenmus, und die Zigeunerin reicht ihr Pfeiflein herum, daß alle davon rauchen und sich daran erfreuen können.

Eine Geschichte um die andere wird erzählt. Auf dem Schoß der Matteona döse ich, während sie mir den Kopf krault und erzählt, wie sie von der Alp vertrieben wurde. Wie einer der Senner sich in sie verliebte und ihr Ebenbild, in Holz geschnitzt, in die neue Marienkapelle stellte. Aufmerksam hören die Ahninnen den Geschichten zu. Baba Jaga erzählt von der schönen und starken Schamanin Uolumar von der dreimal lachenden Schwelle.

Irgendwann muß die ganze ausgelassene Gesellschaft wohl gegangen sein, denn da liege ich am Boden, die Katze eingerollt neben mir, Kerzen erloschen, Wasserbecken leer, nur eine feuchte Spur zieht sich zur Tür, die ein wenig offen steht. Ich gehe hinaus auf den Balkon, wo der Marder gerade sein Schüsselchen mit Rosinen gefunden und geleert hat. Vielleicht hätte ich das Ganze ja für einen wilden Traum gehalten, hätte nicht die Baba Jaga ihren Hühnerkrallenstock bei mir vergessen...

DIE SEELE DENKT IN BILDERN

Ich träumte, daß ich blaues Garn liegen sah. Ringsum war kein Mensch, niemand, dem das Garn gehören konnte. Ich hob es auf, es war seidig und leicht. Als ich dem Garn zu seinem Ende folgte, lief ich durch vielerlei Landschaften. Zuerst kam ich an einen Fluß, und ich dachte: Das Knäuel liegt auf seinem Grund. Doch dort lag es nicht. Ich folgte ihm weiter und kam an einen Berg. Dort oben wird das Knäuel sein, dachte ich, doch auch dort war es nicht. Lange Zeit, waren's Minuten, waren's Jahre? Wer kann es sagen! lief ich. Da kam ich an eine graue Insel aus Stein am Ende der Zeit.

Drei hohe Felsen standen da, kahl und glatt. Und wirklich: Dahinter lag das Knäuel. Im Schoß einer uralten Muhme.

Was ist das für ein seltsames Garn? rief ich. Woher hast du es?

Oh, ich spinne es aus meinen Träumen, sagte sie.

Du spinnst es aus deinen Träumen? fragte ich.

Ja, es besteht aus den Bildern meiner Träume.

Und wo hört es auf? wollte ich wissen.

Es hört niemals auf, wenn du nicht aufhörst zu träumen, sagte die Alte. Denn du träumst mich, und ich spinne den Faden deines Lebens.

Ich setzte mich zu ihr und wurde sehr müde. Im Traum schlief ich ein und träumte im Traum, daß ich träumte, daß ich im Traum träumend ein Garnknäuel warf...

DIE GESCHICHTE VOM KÖNIG UND DER WILDEN FRAU

Der Krieg war vorbei und ein neuer nicht in Sicht. Der König langweilte sich. Deshalb rief er alle Männer des Landes zur Jagd. Sehr früh am Morgen sammelten sich die Männer vor dem Schloß. Sie hauchten in ihre Hände, um sich zu wärmen, denn es war schon Herbst, und die Tage waren voll kühler Nebel. Die Königin verabschiedete sich von ihrem Mann. Dann erklangen die Jagdhörner, und die Jagdgesellschaft ritt in den Wald.

Den ganzen Tag jagte der König mit seinem Gefolge, aber er sah nicht ein Tier. Am Abend vor dem Feuer berieten sich die Gefolgsleute des Königs. Aber auch vor den Zelten der Männer aus dem Volk gab es viel Erregung und Streit, denn niemand hatte etwas gesehen, viel weniger geschossen.

Am nächsten Tag ritt der König nur mit wenigen Männern los. Aber wieder jagte er den ganzen Tag und sah kein Tier. Die Enttäuschung machte sich in allen Lagern breit. Mürrisch und einsilbig gingen die Männer schlafen.

Am dritten Tag befahl der König allen Männern, bei den Zelten zu bleiben, bis er zurückkäme und zur Jagd bliese.

Er ritt in den Wald. Eine eigenartige Ruhe hatte ihn ergriffen. Gemächlich ritt er zwischen uralten Bäumen hindurch und besah sich den Wald. Hin und wieder mußte er sich bücken, um unter einem tief hängenden Zweig durchzureiten. Schließlich kam er an eine Quelle. Er stieg ab, um zu trinken, und erstarrte. Vor ihm schienen alle Tiere des Waldes versammelt zu sein. Sie starrten ihn seltsam an, wie Menschen. Als er sich von seiner ersten Überraschung erholt hatte, griff er vorsichtig hinter sich zu seinem Bogen. Eine kühle Hand legte sich auf seine. Die Berührung war so zart, daß er den Atem anhielt.

„Hast du nicht genug Menschen getötet, daß du jetzt in den Wald kommst, um auch die Tiere niederzumetzeln?" sagte eine weiche Frauenstimme hinter ihm.

Er drehte sich um und lehnte sich gegen sein Pferd. Noch niemals hatte er eine so schöne Frau gesehen. Dabei war sie weder besonders jung noch besonders hübsch. Sie hatte hellwache, lebendige Augen, zarte und zugleich kräftige Hände und einen kräftigen Körper, der sich unter ihrem kurzen Gewand abzeichnete.

„Wer bist du, daß ich, der König, dich nicht kenne?" fragte er.

„Wo willst du König sein, daß ich dich nicht kenne?" fragte sie lächelnd zurück.

„Komm mit mir, wenn du mir ganz gehören willst, will ich dich mit Reichtümern überschütten."

Die Frau lachte und ließ seine Hand los, die sie festgehalten hatte. „Geben kannst du mir nur, was dir gehört, und mich kannst du nicht besitzen", sagte sie.

Sie strich über seine Haare und zog ihn an sich, legte ihre Stirn, ihre Handflächen an seine, und er spürte ihren weichen und zugleich festen Körper an seinem. Doch wie er die Berührung durch seinen Körper fließen fühlte, sah er mit ihren Augen. Er sah barbarische Männer, die sich gegenseitig abschlachteten, er sah tote Körper, Blut, starre Augen, die im Tod gebrochen waren. Er sah sich selbst das Schwert führen, und ein Schmerz durchfuhr ihn von den Zehen bis zum Kopf, als das Schwert einen Mann durchbohrte. Warum hatte er das nie gefühlt? Was geschah mit ihm? Er wollte fragen, aber seine Lippen konnten kein Wort formen, sein Hals war trocken wie ein Flußbett im heißen Sommer. Das Atmen fiel ihm immer schwerer, und sein Bewußtsein drohte zu schwinden.

Sie hielt ihn in ihren Armen und flüsterte: „Ja, schau es dir genau an, dein Leben. Schau, was du getan hast und noch immer tust und tun wirst."

„Wer bist du?" flüsterte er heiser. Er spürte, wie sie ihm kleine Nadeln hinter die Ohren drückte, und wurde schläfrig und wach zugleich, sein Körper entspannte sich, aber seine Seele tauchte aus der Tiefe der Nacht und zeigte ihm Bilder.

„Ich komme aus der Zeit, in der das Wünschen noch hilft, also von jetzt, von gestern und von morgen."

„Ich verstehe dich nicht", murmelte der König. Er ließ sich in ihren Schoß fallen und vergrub sein Gesicht an ihrem Leib.

Jede Berührung ihrer Fingerspitzen auf seinem Nacken zeigte ihm neue Bilder. Er sah, wie sie mit den Bäumen sprach, wie sie sich an einen Baum schmiegte, bis sie das Aussehen eines Baumstamms annahm und nun nicht mehr von ihm zu unterscheiden war. Er sah sie, über die Quelle gebeugt, wie ein Bild im Wasser zerfließen. Er sah sie rufen und singen auf einem Felsen und versteinern, und als sie sich abends zum Schlaf niederlegte, wurde sie ein Teil der Erde, braun und satt, bewegte sich nur wenig und wuchs am Morgen als Blume aus dem Boden. Seine Hände suchten nach ihr, und eine nie gekannte Sehnsucht überfiel ihn, so daß er weinte, bis er keine Tränen mehr hatte. Die ganze Zeit aber hielt sie ihn und zog mit ihren Fingerspitzen kleine Wirbel über seinen Körper.

Als nun der König nicht kam, wurden die Männer unruhig, denn er war schon drei Tage fort. So begannen sie ihn zu suchen. Sie kamen in die Nähe der Quelle, an der der König mit der schönen Waldfrau lag. Weil aber nun der König all den weltlichen Lärm, die Jagdhörner, das Bellen der Hunde und den schweren Atem der Rosse hörte, schreckte er auf und fühlte sich betrogen. Anstatt zu jagen, hatte er bei der Frau geschlafen. Mit all den Tieren vor seiner Nase. Er war wütend auf sich, und weil er das nicht zulassen konnte, richtete sich sein ganzer Zorn auf die Waldfrau. Er sprang auf, gerade rechtzeitig, denn nun kam die Meute von Männern, Hunden und Rossen an die Quelle.

„Nehmt sie gefangen", schrie der König außer sich. „Sie ist eine Hexe. Sie hat uns die Tiere fortgehext."

Ein großes Geschrei kam auf, denn die Zeit der mächtigen Frauen war noch nicht so lange vergangen, und alle hatten Angst. Zwei Männer rissen die Frau hoch.

„Erlaube, hoher König, daß ich mir mein Bündel zusammentrage", sagte die Frau sanft.

Mürrisch gab er nach. Sie kam mit einem Stoff aus rotem, blauem und weißem Muster zurück, in das sie allerhand eingebunden hatte. Der König befahl, die Frau auf sein Roß zu setzen, damit sie nicht fliehen konnte. Aber in Wirklichkeit hatte sich die Sehnsucht in ihm festgehakt, er konnte ihre Berührung nicht vergessen. Konnte er seiner Sehnsucht auch nicht offen nachgeben, so suchte er doch ihre Nähe.

Zu zweit saßen sie auf seinem Roß und machten sich auf den Weg zurück ins Schloß. Nur ein einziges Mal drehte die Waldfrau sich um und sah ihn an. Ihre Augen waren wie klare Kristalle, die in jede dunkle Kammer leuchten konnten. Er schauderte. Im Schloßhof stiegen sie ab. Der Rat wurde einberufen. Es sollte beraten werden, ob sie eine Hexe sei oder nicht. Und da sie so einen festen Blick hatte, zuckten die Ratsherren unruhig zusammen und empfahlen, sie in den Turm zu werfen. Ihr Bündel wurde geöffnet, und darin fand man einen Hirschzahn, eine Haselgerte, Federn, ein Vogelei, die Haare eines Fuchses, einen Stein mit einem Loch und ein kleines Stück Stoff mit drei Blutstropfen.

„Das sollte man ihr abnehmen, denn das sind ihre Hexenutensilien", sagte einer der Berater.

Der König willigte ein, doch schien dieser Besitz ihm so kostbar, daß er das Bündel selbst an sich nahm.

Die Waldfrau wurde in den Turm geworfen, und als das große, ruhige Jagdmahl eingenommen war – zu feiern gab es ja nichts, und auch das Wildbret fehlte –, gingen alle zu Bett.

Kaum hatte der König sich hingelegt, kam eine seltsame Musik aus dem Bündel der Waldfrau. Er untersuchte es von allen Seiten, konnte aber nichts finden, das Musik erzeugt hätte. So legte er sich wieder hin.

Er schloß die Augen. Da fühlte er die Berührung der Waldfrau: ihre Stirn an seiner Stirn, ihre Handflächen an seinen Handflächen, ihr Körper an seinem Körper. Wieder hörte er die Musik, und die Sehnsucht durchpulste ihn, so daß Tränen aus seinen Augen liefen. Sein Fleisch aber suchte den Körper der Waldfrau, und er starb mit weit offenen Augen in ihren Armen.

„Warum hast du das getan?" fragte sie leise.

„Was getan?" murmelte er schläfrig.

„Warum hast du mich in den Turm geworfen."

„Ich weiß es nicht", sagte er. „Eine Frau wie dich darf es nicht geben, denn sonst kann es ein Reich wie meines nicht geben."

Sie lachte. „Glaubst du wirklich, du könntest mich mit ein paar Fesseln festhalten?"

Er fuhr hoch.

Sie saß an seinem Bett und lächelte ihn an.

Er griff nach ihr, und da saß sie in Fleisch und Blut wie er selbst. Als er ihren Körper fühlte, bekam er abermals Lust, sie zu besitzen, und packte sie grob. Aber zwischen seinen Händen war nichts als Luft. Das erboste ihn sehr, zumal er mit niemandem darüber sprechen konnte.

Am nächsten Tag ging er in den Kerker. Da saß die Waldfrau, sehr blaß. Er sah sie prüfend an. Dann bemerkte er den Ring an ihrem Finger.

„Es ist also nicht das Bündel, das dir Macht gibt, sondern der Ring", sagt er und zog ihn grob von ihrem Finger.

Der Ring aber zeigte eine Frauengestalt mit einem Vogelkopf und großen Brüsten. Schnell steckte er den Ring in die Tasche. Er hatte ein ungutes Gefühl dabei, denn der Ring war ihm heiß und pulsierend erschienen. Hastig verließ er den Kerker, ohne noch ein Wort mit der Waldfrau zu sprechen.

Am Abend war er launisch und wollte niemanden sehen. Seine Diener brachten ihm Essen, aber nichts schmeckte ihm. Der Narr wollte ihn unterhalten, aber er gab ihm einen Tritt. Alle runzelten die Stirn. War der König schon verhext? War er krank?

Bald ging er schlafen. Doch kaum lag er im Bett, hörte er wieder die Musik, und Sehnsucht floß durch seinen Körper, daß er weinte wie ein Kind. Er nahm den Ring aus der Tasche und besah ihn genau. Mit den Fingerspitzen fuhr er über die Konturen des Rings. Doch während er die Brüste der Vogelfrau auf dem Ring betastete, fühlte er Fleisch unter seinen Fingern, rang nach Atem und starb abermals in den Armen der Waldfrau.

Dann lag er matt auf dem Bett und versuchte nachzudenken. Doch die Stirn der Waldfrau berührte seine Stirn, ihre Handflächen schlossen sich mit seinen zusammen, und ihr Körper drängte sich an seinen Körper. Schier gegen seinen Willen regte sich sein Fleisch, und er griff mit der Hand nach der Waldfrau. Kaum hatte er sie gepackt, löste sie sich unter seinen Händen in Luft auf.

Am Morgen war er so müde und erschöpft, daß alle ihm aus dem Weg gingen. Noch vor dem Frühstück – er hatte sowieso keinen Hunger und fühlte sich krank und matt – ging er in den Kerker. Die Waldfrau saß so blaß auf dem Stroh wie am Tag zuvor. Er sah in ihre Augen. Sie lächelte.

Er wußte nicht, was er sagen, was er sie fragen sollte. Eine lähmende Verzweiflung überfiel ihn. Mit quälend langsamen Bewegungen näherte er sich ihrem Hals, um den sie ein Lederband mit einem Stein trug.

„Nimm das ab", befahl er heiser, denn nun war er sicher, daß die Kette das Mittel ihrer Macht war. Sie nahm die Kette ab und hielt sie ihm hin.

„Ich werde dich töten lassen", sagte er mühsam. „Keine Frau kann Macht über mich haben."

„Du bist es selbst", entgegnete sie leise. „Ich habe keine Macht über dich. Es sind deine Gedanken. Deine Sehnsucht. Ich habe dich erkannt. Warum willst du dich nicht selbst ansehen?"

Der König lachte höhnisch. „Morgen!" rief er. „Morgen wirst du mich auf den Knien um Gnade bitten. Denn morgen lasse ich dich hinrichten, nun habe ich alle deine Zauberdinge. Mit dir ist's vorbei!"

Er lief aus dem Kerker. Aber den ganzen Tag konnte er nicht essen und nicht sprechen und mußte immerzu an die wunderbare Berührung der Nacht denken. Je größer seine Sehnsucht wurde, um so mehr haßte er sich dafür, daß die Frau so eine Wichtigkeit in seinen Gedanken bekommen hatte.

In der Nacht lag er auf seinem Fell und starrte zur Decke. Seine Finger hielten die Zauberkette der Waldfrau und spielten mit dem Stein. Doch wie er die Rundung des Steins fühlte, wallte die alte Sehnsucht in ihm hoch, und er rang nach Atem und starb in den Armen der Waldfrau.

Ruhig lag er dann mit geschlossenen Augen und wartete. Er wartete auf die Berührung der Stirn, der Handflächen, der Körper. Er spannte alle Muskeln und Sehnen an. Nichts schien ihm jetzt wichtiger als die Berührung der Waldfrau. Ohne sie konnte er nicht weiterleben.

„Wirklich?" fragte sie spöttisch.

Er öffnete die Augen. Da saß sie vor ihm. An ihrem kurzen Kleid hingen noch Strohhalme vom Boden des Kerkers. Wieder wurde er wütend. Wie war es ihr gelungen, aus dem Kerker zu entkommen?

„Siehst du", sagte sie. „Du sehnst dich nach mir, doch nur, um mich gleich darauf dafür zu hassen. Du gibst dich nicht hin.

Dabei geht es nicht um mich, sondern um dich. Bring deine Nacht und deinen Tag zusammen, sonst stirbst du. Wie ist es möglich, daß dein Mund ‚nein' ruft, während deine Augen ‚ja' sagen? Wie ist es möglich, daß du dich im Schlaf an mich klammerst, und am Tag willst du mich verurteilen? Öffne deine Augen nach innen und nach außen", sagte sie. „Nun muß ich gehen. Schon viel zu lange bin ich hier." Sie strich ihm mit weichen Händen über seine Augen. Er seufzte, und ehe er sich besann, war er eingeschlafen.

Am anderen Tag gab es ein großes Geschrei, denn die Waldfrau war verschwunden. Der König stieg hinunter in den Kerker. Er setzte sich dorthin, wo die Waldfrau drei Tage und drei Nächte verbracht hatte. Als er aber das Stroh zu seinen Füßen betrachtete, sah er zwischen den Halmen einen glitzernden Stein liegen. Er hob ihn auf. Fast schien es ihm, als habe der Stein die Form eines Auges, und als er tiefer und tiefer hineinsah, zeigten sich die Augen der Waldfrau darin und schließlich seine eigenen.

An der Kerkertür warteten die Wächter. Sie riefen den König, aber er gab keine Antwort. Am Abend schließlich ging der Berater des Königs hinunter in den Kerker, nahm ihn am Arm und zog ihn ins Freie.

Als der König auf dem Hof stand und die kühle Abendluft roch, schüttelte er sich leicht, umklammerte mit der Linken den Kristall, lächelte und lief wie ein Kind durchs Tor hinaus in den Wald.

DAS GARN IM BRUNNEN

Eine Frau hat zwei Töchter. Die eine ist sehr klug und gebildet, sitzt den ganzen Tag über Büchern. Die andere ist nicht so klug. Zudem ist sie auch nicht so hübsch anzusehen. Sie verträumt die Tage und kann wunderschön singen. Die Mutter und ihre beiden ungleichen Töchter leben sehr fröhlich zusammen. Die kluge Tochter verdient der Familie das Geld, die andere, die kleine, aber hat einen zauberhaften Garten angelegt, in dem sie in wilder Ordnung Gemüse und Blumen gepflanzt hat. Manchmal seufzt die Mutter und spricht: Ach mein liebes kleines Mädchen, wer wird dich beschützen, wenn ich einmal tot bin. Damit meint sie die jüngere der Schwestern, die ihr allzu träumerisch und weltfremd erscheint.

An einem heißen Tag geht die Jüngere in den Garten. Sie will sich ein wenig am Brunnen abkühlen, beugt sich vor, und was sieht sie? Feines goldenes Garn liegt im Brunnen. Weil es heiß ist und sie Lust hat, sich abzukühlen, springt sie in den Brunnen und taucht nach dem Knäuel. Tiefer und tiefer läßt sie sich sinken, zieht sich am goldenen Faden zum Grund des Brunnens. Schon denkt sie, die Luft will ihr ausgehen, da öffnet sich ganz unten der Brunnen gerade so weit, daß sie durchschlüpfen kann, den goldenen Faden immer noch in der Hand. Plötzlich sieht sie einen lieblichen Obstgarten mit lauter Apfelbäumen, und am Fuße eines sehr alten Baumes liegt auch das Knäuel. Sie wickelt den goldenen Faden auf, da ruft der Baum leise: Schüttle mich. Schüttle mich. Sie dreht sich um und staunt: Hat jemand etwas gesagt? Schüttle mich, sagt der Apfelbaum. Ach du bist's, sagt sie, schüttelt den Baum, klaubt alle Äpfel auf, bindet sie in ihre Schürze und legt sie am Fuß des Baumes nieder. Sie läuft, sind's Tage, sind's Jahre, wer kann es sagen? bis sie zu einem Backofen kommt. Hol mich heraus, hol mich heraus, ruft es von drinnen. Sie öffnet die Ofentür und holt mit dem Schuber ein großes Brot heraus, das gerade fertig ist. Sie läßt es vor dem Ofen zum Abkühlen liegen und geht weiter, sind's Tage, sind's Jahre, wer kann es sagen? bis sie zu einem großen, tiefen Wald kommt. Soll ich da hineingehen? denkt sie. Bin doch schon so lange von zu Hause fort! Überlegt eine Weile und dann: Ach was, nach Hause kann ich immer noch, springt sie in den Wald hinein, der grün und dunkel ist. Nach einer Weile hört sie ein Weinen und Klagen. Sie geht dem feinen Geräusch nach, es wird lauter und lauter, und plötzlich steht sie auf einer Lichtung im bleichen Mondlicht. Da sitzen viele Katzen beisammen und miauen und klagen. Wie sie aber näher kommt, sieht sie, daß auch Tiger und Geparden, Jaguare und Panther, Löwen und Schneeleoparden dabei sind. Sie hat aber keine Angst. Ihr müßt hungrig sein, sagt sie freundlich, streichelt das eine und das andere Tier und überlegt, was da wohl zu tun ist. Ich habe nichts für euch, sagt sie schließlich. Aber vielleicht können wir jemanden finden, der euch zu fressen gibt. Also kommt ruhig mit mir. Sie geht, alle Katzen folgen ihr, und bald kommen sie an ein Häuschen. Rauch steigt aus dem Kamin. In der Tür steht eine alte Frau und lacht über ihr ganzes faltiges Apfelgesicht. Kommt meine Kinderchen! ruft sie und klatscht in die Hände. Alle Katzen laufen zu ihr, reiben sich an ihren Beinen, schnurren und miauen. Unsere junge Heldin kommt auch dazu. Noch ehe sie etwas erzählen oder erklären kann, winkt die Alte ab. Ich bin die Percht, sagt sie. Sei mir willkommen. Ich sehe, daß du die Augen offen hast und das Rechte zur rechten Zeit tust. Willst du mir helfen und bei mir bleiben? Das Mädchen denkt eine Weile nach: Warum nicht? Nach Hause kann ich immer noch. Die Percht nickt ihr zu, und so bleibt sie. Tag für Tag zieht sie nun mit der Percht übers Land, wenn ein Mensch stirbt, so holen sie die Seele zu sich und führen sie ins Traumland. Die Percht hat einen Kessel, in dem sie die Traumnahrung kocht. Wer von den Äpfeln der Percht ißt, kann die Sprache der Tiere verstehen, wer aber ihr Brot ißt, versteht alle Pflanzen in der Natur. Lange Zeit bleibt das Mädchen bei der Percht. Doch eines Tages bekommt sie großes Heimweh nach der Mutter und der Schwester. Frau Percht, sagt sie, ich glaube, ich muß wieder nach Hause. Mein Herz tut mir weh, wenn ich an meine Mutter und meine Schwester denke. Die Percht drückt sie an sich und schenkt ihr ein Knäuel. Schau, sagt sie. Das ist ein Zaubergarn. Wenn du nie aufhörst, es zu nutzen, so wird es nie zu Ende gehen, frag aber niemals nach dem Ende, denn wenn du zu messen und zu zählen beginnst, wird es bald ausgehen. Ein paar Tränen fließen auf die Erde, als der Abschied naht. Die Katzen kommen, um das Mädchen zu begleiten, und winkend zieht sie davon. Sie springt mit den Katzen, läßt sich fangen und manchmal auch tragen. Sie singt sanfte Lieder für die Bäume, und wenn sie hungrig ist, sucht sie nach Beeren und beißt vom Brot der Percht ab, das davon aber nicht kleiner wird. Die Zeit wird ihr nicht lang, denn unterwegs erzählt sie den Blumen und den Bäumen ihre Geschichte, läßt sich von den kühlen Wassern der Teiche und Bäche umarmen und schläft an die Katzen gekuschelt ein. Die Sterne leuchten besonders strahlend für sie, und morgens wird sie von der Sonne geweckt, die sie an der Nase kitzelt.

Eines Tages kommt sie zu einem Dorf. Da liegt ein Mann im Sterben. Sie kommt dazu. Was fehlt ihm denn? fragt sie. Ach, er hat seit Tagen Leibweh, es ist schlimmer und schlimmer geworden, und jetzt wird er sterben, sagt der Doktor. Sie geht an sein Bett, schaut ihm ins Gesicht und sagt: In ihm ist alles verkehrt. Sie legt ihre Hand auf seinen Leib und singt ein Lied. Da kommt die Percht und sagt zu ihr: Nein, den hole ich nicht, der gehört zu den Lebenden. Sie flüstert etwas, und das Mädchen lacht ein wenig. Sie gibt dem Mann einen Kräutersud zu trinken und schickt alle anderen hinaus. Du wirst gesund werden, sagt sie zu ihm. Sie stellt einen Nachttopf unter sein Bett und verabschiedet sich. Der Mann wird gesund, das Dorf feiert, aber da ist sie schon ein gutes Stück weiter.

In einem anderen Dorf liegt eine Frau in Wehen, jammert und schreit. Die Hebamme hat sie aufgegeben, und gleich wird der Arzt kommen. Das Mädchen tritt ans Bett der Frau und nimmt ihre Hand. Eine Fee ist da, flüstert die Frau. Nein, ich bin keine Fee, sagt das Mädchen. Sie legt ihr eine Hand auf die Stirn und singt ein Lied. Da kommt die Percht und sagt: Ihr fehlt Luft und dem Kind auch. Das Mädchen atmet mit ihr, bis der Arzt kommt, doch da ist das Schlimmste bereits überstanden, und das Mädchen hält schon den kleinen Säugling im Arm. Die Frau will dem Mädchen Geld geben, und schließlich nimmt sie es. Nun hat sie ihr erstes Geld verdient und geht fröhlich davon.

Schnell spricht es sich herum, daß da eine junge Frau unterwegs ist, die Menschen heilen kann. Überall läuft man ihr schon entgegen. So dauert die Reise lang und immer länger. Viele Menschen werden gesund, aber manche sterben. Dann steht die Percht am Bett und schüttelt den Kopf, und das Mädchen weiß, daß die Seele schon zur Frau Percht unterwegs ist.

Als sie nach Jahr und Tag nach Hause kommt, gibt es ein Feiern ohne Ende. Mutter und Schwester können nicht glauben, daß sie noch am Leben ist. Und reich ist sie dazu! Ja, ich hab mein Glück gemacht, sagt sie und lächelt. Von nah und fern kommen die Menschen, um von ihr geheilt zu werden.

Eines Morgens geht die ältere Schwester hinaus in den Garten, kommt am Brunnen vorbei, in den die Schwester gesprungen war, und sieht ein Stück Garn auf dem Wasser treiben. Wer mag den Faden da hineingeworfen haben? denkt sie, erinnert sich an die seltsame Geschichte der Schwester, beugt sich tiefer herab, um das Ende des Fadens zu sehen. Schon will sie springen, doch da fährt es ihr durch den Kopf: Lieber nicht, denn wer weiß, was mir blüht da unten!

DIE GESCHICHTE VON RAPUNZEL

In einer anderen Zeit lebte eine junge Frau mit ihrem Mann in Nachbarschaft zum Garten einer Hexe. Die Frau erwartete ihr erstes Kind. Sehnsüchtig sah sie jeden Tag aus dem Fenster zum Garten der Hexe hinüber, wo der Rapunzelsalat grün und saftig heranwuchs. Die Hexe kam nur einmal im Monat, um ihren Garten zu pflegen, und dennoch gedieh er wunderbar, es blühten die seltensten Gewächse und Blumen darin, und die Frau konnte sich an dem Garten nicht satt sehen. Ganz besonders aber hatte es ihr der Rapunzelsalat angetan. Es schien ihr, als rufe das Kind im Bauch nach dem Salat. Schließlich überredete sie ihren Mann, in den Garten einzusteigen und etwas von dem Salat zu holen. Die Hexe brauche ihn offenbar selber nicht. Nach langem Zögern und Hin und Her machte der Mann sich schließlich auf den Weg und stieg in den Garten. Die Düfte ließen ein seltsam flaues Gefühl in ihm aufsteigen, er wollte flüchten und im selben Augenblick bleiben und nie mehr gehen. So verführerisch und gefährlich zugleich war der Garten für ihn, daß er sich in Träumen verlor und in weiten Gedanken, die er nie gedacht hatte. Erst die Rufe seiner Frau brachten ihn zur Besinnung, und er schnitt etwas vom Rapunzelsalat, stieg über den Zaun und bereitete seiner Frau den Salat zu. Sie aß davon, aber im selben Moment überkam sie eine unstillbare Sehnsucht nach mehr Rapunzelsalat. Sie setzte sich ans Fenster, seufzte und grübelte, bis es am nächsten Tag der Mann nicht mehr hören konnte und er wieder in den Garten stieg. So ging das viele Wochen, der Zeitpunkt der Geburt näherte sich. Seit sie von dem Salat gegessen hatte, war die Frau blühend und gesund, freute sich wie nie des Lebens, und auch das Kind wuchs und gedieh.

Als der Mann wieder einmal, nun schon ohne Furcht und Zögern, in den Garten stieg, als sei es ja praktisch schon der eigene, hatte er den Zeitpunkt übersehen und damit vergessen, daß es der Tag war, an dem die Hexe kam. Während er den Salat schnitt und vor sich hin summte, sich wieder einmal wunderte über die eigenartige Stimmung, die ihn stets befiel, sobald er nur einen Fuß in den Garten setzte, öffnete sich geräuschlos die Gartenpforte, und ehe er sich's versah, stand hinter ihm die Hexe und fragte ihn streng: „Und wie willst du mir erklären, was du hier tust?"

Er fuhr herum und stand Auge in Auge mit einer großen, dunklen und sehr stattlichen Frau. Wie konnten er und seine Frau auf die Idee kommen, diese Frau wäre eine alte Hexe? Verstört wand er sich unter dem strengen Blick, doch die Zauberin ließ nicht locker. „Für wen ist der Salat, den du schneidest?" „Er ist für meine Frau. Sie erwartet ein Kind und hatte so große Sehnsucht nach dem Rapunzelsalat, daß sie nicht eher ruhte, bis ich ihr den Salat geholt hatte."

„Nun, ich sehe", sagte die Zauberin, „daß du fast meinen ganzen Salat geerntet hast." Sie war nun nicht mehr streng oder gar böse, sondern freundlich. „Da läßt sich nicht mehr viel ändern. Aber du mußt mir diesen Salat natürlich auf eine andere Weise vergüten, denn es ist ein ganz besonderer Salat, nicht für jedermann gedacht..." Sie lachte leise.

„Ich zahle dir gern, was du willst", sagte der Mann schnell.

Sie sah ihn kurz an, und es schien ihm, als sehe sie direkt durch seine Augen in sein Herz, denn er fühlte ein leichtes Flattern in seinen Gedanken. Lange ruhte ihr Blick in seinen unruhigen Augen. Dann sagte sie den Satz, der ihn wie ein Peitschenhieb traf: „Du bezahlst mit der Tochter, die dir geboren wird. Sie wurde von meinem Rapunzelsalat ernährt. Sie ist mein."

Was immer sich in ihm sträubte, wurde vom Blick der Zauberin beiseite gefegt, und er versprach es.

Sie ließ ihn durch das Gartentor mit dem Rest des Rapunzelsalats ziehen.

Die Tochter wurde geboren, und die Zauberin, die bei der Geburt anwesend war und der Frau wunderbar beistand, so daß sie nichts als Glück und Freude empfand, gab ihr den Namen Rapunzel.

Ein Jahr nach Rapunzels Geburt kam die Zauberin, um sie zu sich zu holen. Sie nahm sie mit in einen hohen Turm, von dem aus die ganze Welt überschaut werden konnte. Die ersten sieben Jahre verbrachte Rapunzel im untersten Raum, der grün war wie die Wiesen und der Wald, grün in allen Schattierungen. Die Zauberin lehrte sie alles Wissen über die Erde und Pflanzen und Tiere. Sie lernte die Sprache der Vögel und der Rehe, der Kühe und der Pferde, der Hasen und Eulen. Schon bald gab es nichts Selbstverständlicheres für Rapunzel, als im Garten mit Bäumen und Vögeln zu sprechen. Sie sang wunderschöne Lieder, und die Zauberin beobachtete ihr Wachsen voller Liebe und Zärtlichkeit. Im siebten Jahr gab sie ihr einen Ring und feierte ein wunderbares Mondfest mit ihr.

Die nächsten sieben Jahre wohnte sie im ersten Stock des Turms in einem Zimmer, das in allen Rottönen des Feuers, der Sonne und des Mondes gehalten war. Ihr Bett war blaß wie die Morgenröte, der Boden dunkelrot wie das Menstruationsblut, das nach einigen Jahren zu fließen begann und Rapunzel in den Kreis der erwachsenen Frauen führte. Die Zauberin lehrte Rapunzel, Sonne und Mond zu rufen, aus Feuer zu lesen und mit der Morgenröte zu heilen. Als Rapunzel vierzehn wurde, flocht die Zauberin ihr einen langen Zopf und feierte ein Fest der Verwandlung mit ihr, während dessen sie mehrmals die Gestalt und das Aussehen veränderte und diese Kunst auch Rapunzel beibrachte.

Die nächsten sieben Jahre schließlich wohnte Rapunzel im obersten Zimmer, das ganz in den Grün- und Blautönen des Meeres und der Wasser gehalten war. Um die Zauberin zu empfangen, mußte Rapunzel ihr langes Haar lösen und sie zu sich hochziehen. Sie lernte von der alten Zauberin, mit dem Meer zu atmen und mit Wasser zu heilen. Sie folgte den Strömen in ihrem Körper mit den Gedanken und fand ihre eigenen Quellen.

Einen Tag vor ihrem einundzwanzigsten Geburtstag kam ein junger Mann an den Turm, ein Prinz, von Rapunzels Gesang angezogen, der nun ungläubig auf das schöne Mädchen am Fenster starrte, das so singen konnte, daß ihm das Blut bald gefror und bald kochte. Er versteckte sich in einem Busch und wartete. Bald kam die Zauberin, rief: „Rapunzel, laß mir dein Haar herunter", und zog sich daran hinauf.

Von weitem sah er die beiden Frauen, die Alte und die Junge, sprechen und miteinander lachen. Als die Zauberin gegangen war, rief er unter Rapunzels Fenster: „Rapunzel, laß mir dein Haar herunter", und sie warf das Haar zu ihm, so daß er sich daran hochziehen konnte. Wie groß war ihr Erstaunen, als sie nicht die Zauberin sah.

Da mochte sie sich wehren und weinen, wie sie wollte, er hatte sich nun einmal in den Kopf gesetzt, diese und keine andere Frau zu nehmen. Weil er schön sprach und zärtlich war, ließ sie mit der Zeit bald alle Widerstände fallen, und er nahm sie. Er heckte einen Plan aus und sagte ihr, was sie zu tun habe, wenn die Alte käme. Rapunzel zögerte. „Du kannst doch nicht dein ganzes Leben mit einer alten Hexe zubringen!" rief er ungeduldig. Und der Plan wurde beschlossen. Diese Nacht tat Rapunzel kein Auge zu. Unter ihrem Fenster hörte sie im Gebüsch immer wieder leises Rufen und Summen, der Prinz war's, der ihr Mut machen wollte.

Am Morgen ihres einundzwanzigsten Geburtstags kam die Zauberin, zog sich an ihren Haaren hoch und schaute sie an. Sie lächelte ein kleines trauriges Lächeln.

„Nun ist es also soweit, meine Kleine", sagte sie. „Was nun kommt, kann nicht ich dich lehren, das ist die Kraft der Luft, des Sehens, des Träumens und der Stürme. Lebwohl, mein Liebling." Rapunzel weinte.

„Heute noch wirst du gehen", sagte die Zauberin. „Aber deine Haare mußt du hierlassen, damit du nicht ganz in fremde Macht gerätst." Sie küßte Rapunzel. „Bleib dein eigen!" Und ohne weiteres Reden löste sie sich auf.

Rapunzel begann den schmerzhaften Abstieg aus dem Turm, die Haare waren ihr genommen, und der Prinz runzelte die Stirn, als er das sah. Das letzte Stück des Turms fiel Rapunzel und wurde zunehmend schwächer. Der Prinz zog mit Rapunzel fort, doch für beide wurde es eine Reise in die Nacht: Er verstand sie nicht, denn sie sprach wunderliche Dinge, zeigte keine Sehnsucht nach ihm und hatte die seltsamsten Angewohnheiten wie etwa, mit Bäumen zu sprechen und hohe eintönige Gesänge zu singen. Rapunzel sah die Welt nicht mehr. Stets mußte sie fragen, wie alles aussah und wozu es gut war. Die Antworten, die der Prinz ihr gab, befriedigten sie nicht. „Ich habe das Sehen verloren", klagte sie. „Dann mußt du mit meinen Augen sehen", sagte der Prinz. Er beschrieb ihr die Welt, wie er sie sah, und Rapunzel gewöhnte sich an seine Beschreibungen. Wenngleich ihr nichts mehr Sinn zu machen schien und das Wundersame aus ihrem Leben verschwunden war. Sie lebte nun mit dem Prinz auf einem prächtigen Schloß. Alle waren von der Schönheit des Mädchens ergriffen. Dem Glück des Paars schien nur der Kindersegen zu fehlen. Eines Nachts, als Rapunzel, wie so oft, im Wald spazierenging und sich unter eine alte Eiche legte, hörte sie eine Stimme: „Rapunzel, Rapunzel, laß mir dein Haar herunter." Sie sah sich den Zopf lösen und das Haar herablassen. An ihrem imaginären Haar zog sich die Zauberin hinauf. „Viel hast du gelernt", sagte sie und küßte Rapunzel. „Den Schmerz der Worte und Gedanken, des Geredes und der Gerüchte. Du hast Stürme entfacht und Stürme gelindert. Jetzt bekommst du von mir die letzte Gabe, das Träumen." Die Zauberin neigt sich über Rapunzel und ließ die kleinen braunen Hände über ihren Körper gleiten. „Träume, mein Liebling, träume", sagte sie.

Und der Prinz konnte Rapunzel nicht mehr finden.

ANMERKUNG

Zwei Haupterscheinungsformen der *Weisen Alten* oder *Ur-Göttin* in Europa sind Percht (Mitteleuropa) und Baba Jaga (Osteuropa).

Die Percht ist Muttergöttin, Berg-Göttin, Himmlische Spinnerin, Hebamme in Leben und Tod, Tödin, Seelenführerin, Waldfrau, Höhlenbewohnerin, alte Muhme, Ur-Ahnin, die Frau im Brunnen, Weber-Göttin, Unterweltsgöttin. Andere Namen sind: Brecht, Brechtl, Prechtl, Peraht, Berta, Berscht, Perscht, Hel, Holla, Holda, Hulda, Holle, Stampa, Gstampa, Stempa.

Was macht sie?

Sie hütet das Spinnen und Weben, das Garn und das Korn. Sie wacht über die toten Seelen und holt die Seelen der Sterbenden zu sich. Sie zieht mit ihrem Himmelswagen durch die Nacht, der von Hunden gezogen wird. Sie straft vorwitzige und brutale Menschen. Sie schützt hilflose Menschen, insbesondere Kinder und Frauen. Wer in den Zwölfern, in den Rauhnächten, in der Gömacht-Nacht arbeitet, wird von ihr bestraft.

Wer kann sie sehen?

Sonntagskinder sehen sie und Menschen, die viel Hirse und Getreide essen. Sie erscheint vor allem in der dunklen Jahreszeit, insbesondere der Rauhnachtzeit. Ihr spezieller Tag ist der Perchtentag, der 6. Januar, da sollen Haus, Wohnung, Stall usw. ausgeräuchert werden. Wacholder und Holunder sind ihre Hölzer.

In Kals in Österreich gibt es eine Überlieferung, nach der zwölf Frauen einen Perchtentanz hielten, plötzlich war eine dreizehnte unter ihnen, die eine frische Mohnblume angesteckt hatte. Statt über einen Trog sprang diese Frau über zwei. Die Frauen tanzten früher in den Perchtennächten so lange, bis die Percht erschien. In Hollersbach im Pinzgau gibt es zwei Spursteine. Da soll die Percht ihre Tochter Norida gebadet haben. Es heißt, daß das ganze Tal überschwemmt wird vom Unterweltswasser der Percht, wenn diese Steine zerbrochen werden.

Bei Prag gibt es die Überlieferung von drei Berchten, eine weiße, eine rote und eine schwarze. Das gleicht den Sagen von den drei Spinnerinnen, die die junge Königin retten. Im Untersberg bei Salzburg, der von unzähligen Höhlen durchzogen ist, wohnt die Percht. Sie spinnt ihr Haar zu seidigweißen Fäden und macht ein Geflecht daraus, in dem sie Vorübergehende fängt. Es heißt, sie verspinnt diese in ihre Geschichten und lockt sie damit in ihre Höhle. Auch kleine Kinder holt sie in ihr Schloß im Untersberg. Bis Anif soll sie schon gekommen sein.

Wo lebt sie?

Ihr bevorzugter Wohnsitz sind Berge, Höhlen, Brunnen und tiefe Mischwälder.

Was sind ihre Attribute?

Garn (sie kann Zauberknäuel herschenken, die niemals enden), Spindel (Symbol für das Drehen und Kreisen, für das Spinnen des Lebensfadens), der Brunnen (in den sie mit ihrem Wagen hinunterfährt), der Stein (das Ei der Zauberin, aus dem sie alles hervorzaubern kann, in Stein kann sie schließlich alles verwandeln, sie löst damit auf und verdichtet wieder. Der Steinwurf bringt die Dinge ins Rollen), das Korn (Symbol ihrer Erdgöttinnenfunktion. Weiße Speisen werden ihr nachts hinausgestellt, und bei Ritualfesten wird für sie mitgedeckt, wobei sie Weißes und Rotes bekommt, Hirse, Korn und Früchte oder Wein. Somit speiste sie in alten Zeiten die Ärmsten, denn was ihr hingestellt wurde, holten die armen Kinder nachts ab), Hufeisen und Sichel (Symbole ihrer Mondgöttinnenfunktion, dazu Pferd, Hund und Katze – die toten Seelen), Mondmesser (das alte „Weibermesser" in Sichelform, mit dem früher Getreide und Kräuter geschnitten wurden so wie heute noch in Nepal oder Tibet).

In den heutigen Perchtenläufen dürfen nur Männer mitgehen. Sie tragen aber zumeist weibliche Masken und Kleidung. Der Perchtenbrauch hat sich ähnlich wie die Freinacht zu Walpurgis zu einem brutalen Feldzug gegen Frauen entwickelt. Da werden Frauen angerempelt, umgeworfen, geschlagen und verhöhnt. Die Perchten-Tradition ist vielleicht die wichtigste, die wir uns wieder zurückholen.

Die Baba Jaga ist Unterweltsgöttin, die Weise Alte, Großmutter oder Mutter von Dämonen, Mutter der Stürme, der vier Winde, der magischen Tiere, SchamanInnen-Mutter. Sie wird auch Baba oder Babuschka genannt. Im böhmischen und tschechischen Raum heißt sie Frau Trude oder Frau Rose. Sie ist die Kornmutter (die letzte Garbe wurde früher alte Baba oder Großmutter genannt), Hüterin der Tageszeiten (drei Rosse gehören ihr, das weiße, das das Morgengrauen bringt, das rote, das die Sonne aufgehen läßt, und das schwarze, das die Nacht über das Land zieht). Baba Jaga ist Menschenfresserin, Unterwelts-Alte und Initiationsmutter. Nur wer ihr ebenbürtig ist, also witzig, ohne Angst, ohne Falschheit, wird von ihr nicht verschlungen.

Was macht sie?

Sie verwandelt Menschen in Steine, sie frißt die Menschen, zerreißt sie, zerlegt sie und setzt sie nach Lust und Laune wieder zusammen. Sie weist den Weg (wie Hekate, die Göttin der Kreuzwege). Sie ist die Hüterin des wahren Lichts und kann etwas davon geben, wenn sie dazu aufgelegt ist. Ehe sie gibt, stellt sie drei Prüfungen oder Fragen, die nur mit Zauberkraft zu lösen sind. Sie läßt gute Frauen das Haus für sie besorgen und belohnt sie dann mit Licht aus einem Totenschädel (das Licht ist so beschaffen, daß Menschen, die ein schlechtes Gewissen haben, dieses Licht nicht ertragen und daran sterben). Sie kann zum Zauberapfel, der die Jugend schenkt, und auch zum Wasser des Lebens und des Todes verhelfen. Sie hütet Gänse oder läßt InitiationswärterInnen ihre Gänse hüten. Die Hexe von Hänsel und Gretel dürfte eine Form der Baba Jaga sein. Sie ist auch Schatz-Hüterin und kann etwas davon hergeben, wenn sie mag.

Wer kann ihr begegnen?

Unschuldig in Not geratene Frauen begegnen ihr, auch Menschen, die aufs Ganze gehen, um die halbe Welt laufen, bis ans Ende der Zeit, um ihre Liebsten zu finden. Menschen, die Licht suchen oder nichts mehr zu verlieren haben, finden Baba Jaga.

Wer ihr begegnet, muß den ganzen Mutterwitz zusammentragen, darf sich vom Menschenbraten auf dem Ofen und den Zaunpfählen aus Knochen, der Gartentür aus Menschenfüßen, dem Türpflock aus Fingerknochen nicht verdrießen lassen. Schließlich ist die Unterwelt – zum Glück und Baba sei Dank – kein Junkfoodrestaurant.

Wo lebt sie?

Sie lebt im tiefen dunklen Wald (der Seele), wo es märchenhaft grün schimmert, auf einer Lichtung zwischen uralten Bäumen in einem Häuschen, das sich auf einer Spindel oder einem Hühnersporn dreht. Sie liegt auf dem Boden ihrer Hütte und stemmt die Füße gegen die Decke. Sie lebt auch umgeben von Knochen und Menschenschädeln an einem uralten Brunnen. Sie lebt auch im Garten im Brunnen wie Frau Holle. Was gehört zu ihr?

Knochen und Schädel als Symbol für Lebenskraft und Verwandlung, auch als Symbol ihrer Unterweltsfunktion. Licht, ein Licht, das aus den Schädeln schimmert, es steht für Klarheit jenseits aller Romantizismen und Sentimentalitäten – die sie verabscheut. Mädchen, die von Müttern gesegnet sind, belohnt sie zwar, schickt sie aber sofort weg, das ist ihr zu rührselig.

Katze, Pferd und Hund als Seelentiere gehören ebenso zu ihr wie Gänse, die Unterweltswissen verkörpern. Der Besen steht ihr zum Fliegen zur Verfügung, er ist aber auch „ihr Gemahl". Getreide und Mohn in ihrem Häuschen weisen darauf hin, daß sie einerseits Erd-Göttin ist, andererseits Visionen und Traumzeit (Mohn, Schlafkraut) verkörpert. Der Hühnersporn, der ihr Häuschen trägt, zeigt die wichtige Funktion des Huhns als magisches Tier, Produzentin des Eis. Im Ei ist der ganze Kosmos enthalten. Der Wolf ist zuweilen ihr Begleittier, wenn sie nicht gerade in Adlergestalt oder auf dem Besen oder gar in einem Mörser herumfliegt.

Sie hat tellergroße Augen und eine lange Nase, wie ein Kochlöffel so lang, das weist auf die Funktion des Sehens und Riechens, des Riechers und der Vision hin.

Schließlich gehören ihr die drei Pferde, die das Morgengrauen (weiß), die Sonne (rot) und die Nacht (schwarz) bringen.

Wenn du es schafftst, von ihr bei der Begegnung nicht gefressen zu werden, oder noch besser, gefressen und wieder ausgespuckt zu werden, könnte es sein, daß sie dich mit dem magischen Weberschiffchen belohnt. Wer das besitzt, besitzt Macht über das Gewebe der Welt, über Menschengeflechte.

Baba Jaga sagt: Wer viel weiß, wird schnell alt. Zum Gedenken an die Weise Alte, an Baba Jaga wurden in Südrußland in frühgeschichtlicher Zeit „Baba Kammenajas" aufgestellt, das heißt Steinmütterchen, sie sollten die Baba freundlich stimmen.

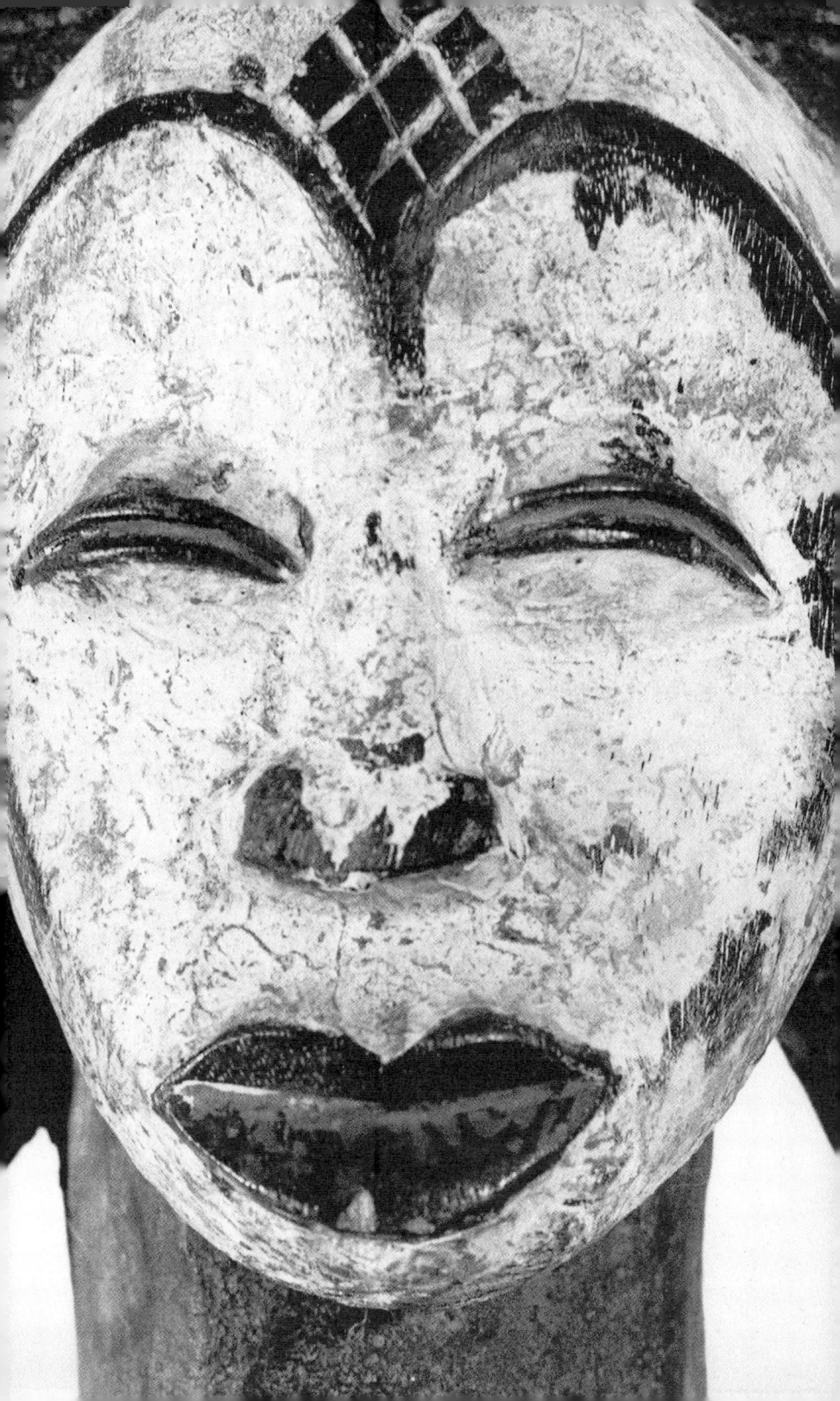

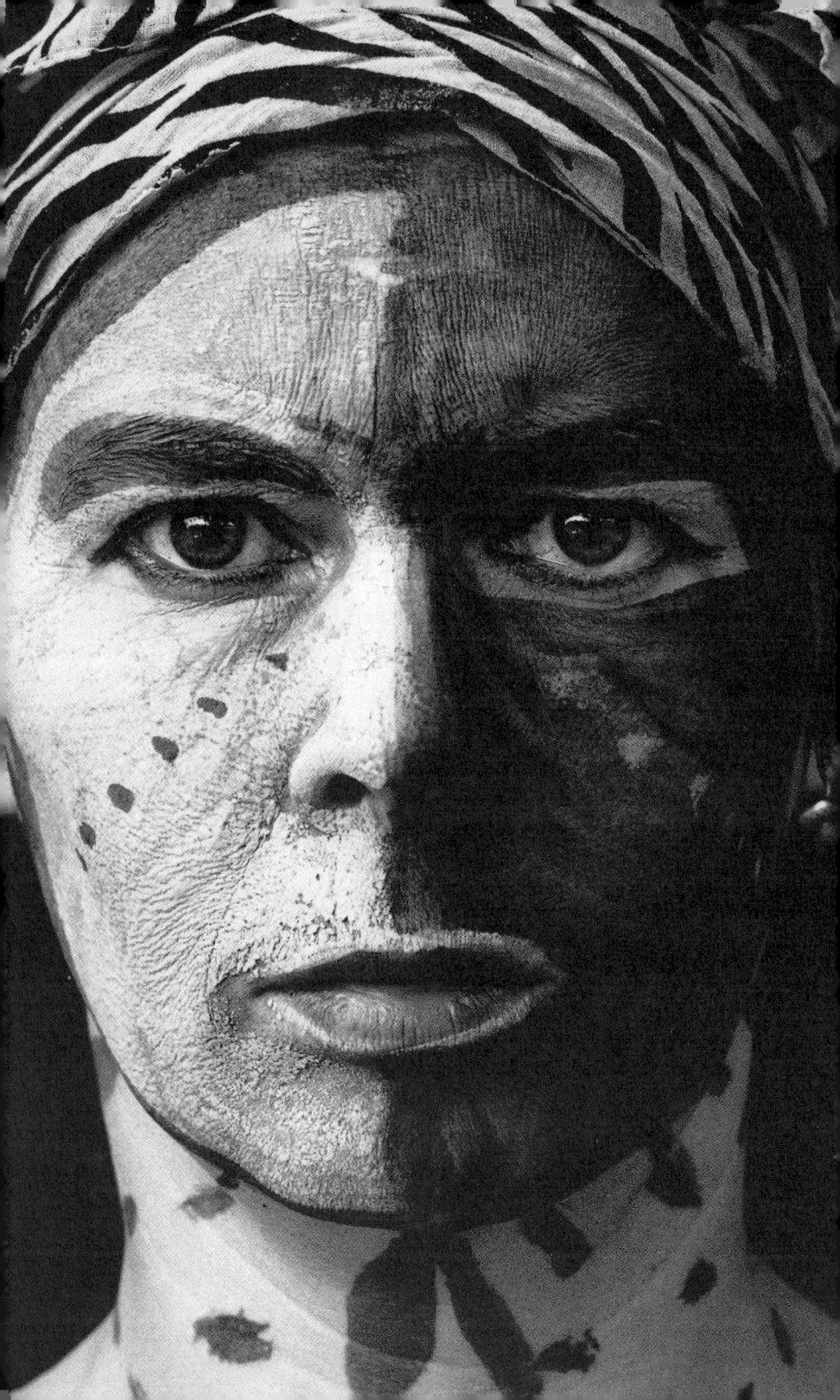

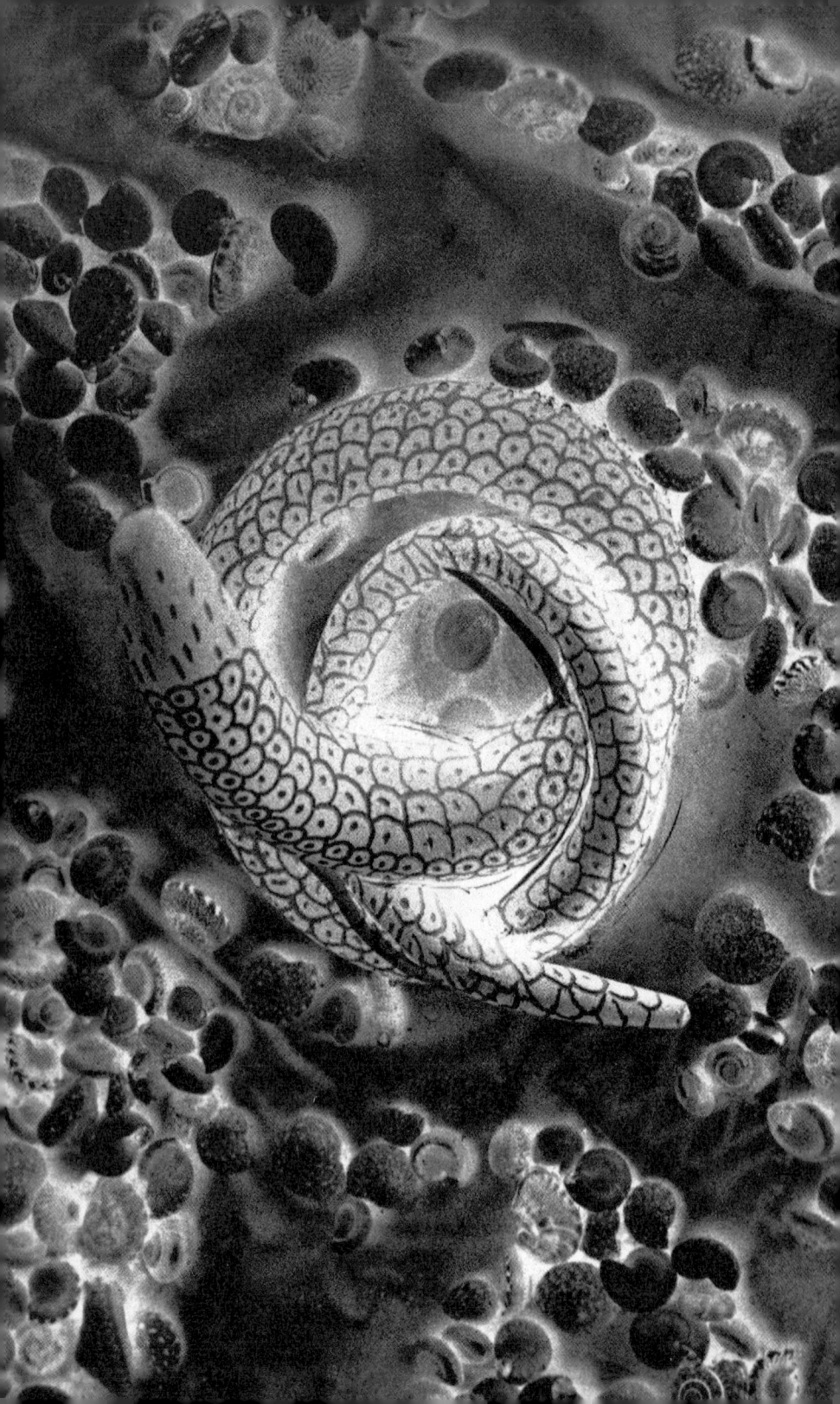

Luisa Francia

geboren 1949, lebt mit ihrer Tochter bei München. Sie ist Filmemacherin und Autorin. Zusammen mit Margarethe von Trotta schrieb sie die Drehbücher „Das zweite Erwachen der Christa Klages" und „Schwestern", machte später eigene Filme („Hexen", „Die Anstalt", „Nur in der Fremde ist der Fremde fremd", „Alles möglich") und verfaßte das Theaterstück „Fischmaul". Sie veröffentlichte Gedichte in verschiedenen Anthologien und Zeitschriften. Zur Zeit arbeitet sie als Stipendiatin des Deutschen Literaturfonds an dem Theaterstück „Salome". 1981 erschien „Hexentarot" und 1985 „Der afrikanische Traum" (Stechapfel Verlag Zürich). Im Verlag Frauenoffensive sind erschienen: 1982: „Berühre Wega"; 1984: „Kalypso"; 1986: „Mond Tanz Magie"; 1988: „Drachenzeit". „Ich machte mich auf die Findung", bei: Piepers Medienexperimente, Löhrbach.

Inea Gukema

42 Jahre, Fotografin. Projekte und Ausstellungen über: Tempel von Malta, Höhlen der Ile-de-France. Kraftplätze und Ausgrabungsstätten in Anatolien, Frauenmuseum Wiesbaden, 1988. Ausst. Beteiligungen: Skripturale '88, Frauenmuseum Bonn. Steinzeichen, PELZE multimedia, Berlin, 1988. Fotoarbeiten in „Mond, Tanz, Magie" und „England – Schottland – Wales der Frauen" (Frauenoffensive). Seit 1985 Fotoedition für Karten und Poster.